ケアの哲学

はじめに——ケアとセルフケア

現代社会において最も普及した労働の形態はケアワークである。人間の生命を保障することはわれわれの文明によって究極の目的とみなされている。近代国家を生政治国家として記述したときフーコは正しかった。その主要な機能は国民の肉体的な福利の面倒をみることである。この意味において医療は宗教の場を占め、病院は教会に取って代わった。魂よりもむしろ身体が、制度化されたケアの特権的な対象なのである。「健康は救いに代るものである」[1]。内科医は司祭役とみなされる。なぜならば、司祭がわれわれよりもわれわ

(1) Michel Foucault, *The Birth of the Clinic* (London: Routledge, 1973), p. 198.〔ミシェル・フーコー『臨床医学の誕生』神谷美恵子訳、みすず書房、二〇一一年、三二五頁。〕

れの魂をよく知っていると主張したように、内科医はわれわれよりもわれわれの身体をよく知っていると考えられるからだ。しかし人間の身体のケアは、医療という語のせまい意味を大きく超えている。国家制度はわれわれの身体そのものに関心を持つのみならず、住居、食物、そしてわれわれの身体を健康に保つことに関連する他の要因にも関心を持つ。たとえば、公共および私的な交通システムは乗客の身体を傷つけずに目的地まで運ぶ面倒をみるし、一方でエコロジー産業は、環境が人間の健康により適合するように面倒をみる。

宗教はこの世における魂の生だけでなく、魂が肉体を去った後の運命にも関心を持った。現代の世俗化されたケアの制度についても同様のことが言える。われわれの文化は、写真、記録、動画、手紙やEメールのコピーや、その他の人工物など、われわれの物質的な肉体の拡長を永遠に生み出している。そしてわれわれは、本や芸術作品、映画、ウェブサイト、インスタグラムのアカウントを生み出すことで、このプロセスに参入する。これらのあらゆるものや記録は死後しばらくの間保存される。それは、われわれの魂にとっての精神的な死後の生の代わりに、ケアに関わる諸制度が、われわれの身体の物質的な死後の生を保障していることを意味する。われわれは墓地、博物館、図書館、歴史公文書館、公共の記念碑、歴史的に重要な場所のケアをする。われわれは文化的アイデンティティ、歴史的記憶、伝統的な都市空間や生活様式を保護する。どの個人もこの拡長されたケアのシステムに含まれている。われわれの拡長された身体は「象徴的身体」と呼ぶことができる。それらは何らかの形で「非物質的」だからではなく、われわれの物理的身体をケアのシステムに登録することを可能にするがゆえに、象徴的なのである。同じように、教会は洗礼が施され洗礼名が授けられるまで、個人の魂のケアをすることはできなかった。

たしかに、われわれの生きた身体の保護は象徴的身体によって媒介されている。それゆえ内科に行くときは、われわれはパスポートやその他の身分証を提示しなければならない。これらの身分証はわれわれの身体とその歴史――男性あるいは女性、生年月日、出生地、髪と目の色、生体写真――を示す。その上、住所、電話番号、Ｅメールアドレスを示さなければならない。また健康保険カードを提示するか、個人で支払う準備があることを示さなければならない。これは、われわれが銀行口座、職業、職場、もしくは年金やその他の社会福祉に関する何かを持っていると証明できることを前提としている。内科に診察に行くと、既往歴を含む大量の様々な書類を埋め、個人データを公開する可能性や治療のあらゆる結果に関わる権利放棄に同意するサインを、医者がわれわれに依頼することから始まるのは偶然ではない。医者はわれわれの身体を診察する前に、これら全ての記録を吟味する。多くの場合、内科医はわれわれの物理的な身体は全く診察しない。記録の吟味で十分なようだ。これは、われわれの物理的な身体のケアと健康は、われわれの象徴的身体を管理するより大きな監視とケアのシステムへと統合されていることを示している。そしてこのシステムは、われわれ個人の健康と生存よりも、それが円滑に機能することに関心があるように思われる。事実、個人の死はその象徴的身体においては大きな変化はなく、死亡証明と、葬儀の手配、墓の場所、棺や骨壺のデザインやその他の同様の手続きに関する追加書類を発行することになるだけである。象徴的な身体を象徴的な死骸へと変える、われわれの象徴的身体におけるわずかな変化があるだけである。

ケアのシステムはわれわれを患者として対象化し、生きている死骸へと変え、自立した人間ではなく病んだ動物としてわれわれを扱うように思われる。しかしながら幸か不幸か、この印象は真実からは程遠い。事実、医療システムはわれわれを対象化するのではなく、むしろ主体化する。第一に、患者が不健康で病気で不具合を感じるために医療システムに訴えた時にのみ、それは個人の身体を気遣い始める。実際、内科に行ったときに尋ねられる最初の質問は「どうしましたか？（What can I do for you?）」である。いいかえれば、医療はサービスとして自分自身を理解しており、患者を客として扱う。患者は、自分が病気かそうでないのかのみならず、身体のどの部分が悪いのか決めなければならない。なぜならば医療は高度に専門化されていて、適切な医療機関と医者の種類について最初の選択を行うのは患者だからだ。患者は自分自身の身体の最初のケアテイカーである。ケアの医療システムは二番目のケアテイカーである。セルフケアがケアに先立つのである。

われわれは具合が悪いと感じるときにのみ医療をとおして救済を求めるが、気分が良いときには求めない。しかし、もし特別な医療の知識を持っていなければ、身体がどのように機能するのかについてわれわれは曖昧にしか理解していない。実際にわれわれは、自己観察を通して健康であるのかもしくは病気であるのか違いをはっきりさせる、何の「生来の」能力も「内的に」持ってはいない。実際にはわれわれは極めて健康なのに不調を感じることもあり、末期的な病であるのに大丈夫だと感じることもある。われわれの病気はまた、遺伝子上決定づけられたものや、感染症、悪い食べ物や気候によって生み出されたものとして、外からもやってくる。スポーツであれ、ありとあらゆる種類の代替セラピーや規定食であれ、われわれの肉体の機能をどのように向上させ、より健康にするのかについてのあらゆる助言もまた外からやってくる。いいかえれば、われわれにとって自分自身の物理的身体のケアをすることは、多かれ少なかれ何も知らないものについてケアをすることである。

われわれの世界におけるあらゆるものと同じように、医療システムは実際にはシステムではなく競争の領域である。自分の健康に良いという医学的治療について知識を得れば、医学の権威たちはあらゆる重要な課題について互いに反対意見を持っていることがすぐにわかる。手に入る医学的助言は極めて矛盾に満ちている。同時に、これらのすべての助言はごく専門的に見えるので、何の特別な医療知識や専門的な経歴を持たずに一連の治療を選ぶのは難しい。けれども、死を含めてこの治療で起こりうるあらゆる否定的な結果を考慮して受け入れ、特定の治療に合意する患者の義務があることにより、選択の深刻さは圧力を増す。これは、医療それ自体は科学であるにもかかわらず、患者が特定の医学的治療を選択することは、非理性的な信用の飛躍を前提としていることを意味する。医学知識の基礎は肉体の調査にあるがゆえに、それは非理性的なのである。生きた身体の内部の構造と機能を実際に調査することはできない。真に理解されるには身体は死ななければならない。もしくは少なくとも麻酔をかけられる必要がある。こうして、自分自身を肉体として調査することができないので、私は自分の身体を知ることができない。そして私は同時に自分自身に麻酔をかけて手術することはできない。X線やCTスキャンを使わずに、自分の身体の内部の状態を見ることすらできない。医者の医療知識は私自身についての私の知識を超越している。そして超越的なものとの私の関係は、知識ではなく信用しかありえない。

身体の状態に関する計画は、医療部門のみならず、さまざまなタイプのダイエットや、スポーツ、ウェルネス、フィットネス、ヨガ、太極拳を含むさまざまな代替的な治療実践からも取り入れられている。それら全てはわれわれに信用の飛躍を要求する。この点に関しては、アメリカのテレビで処方薬の宣伝を見るのが面白い。これらの広告はたいていの場合じつに神秘的である。幸せなカップルがいる。たいてい子供がいて、共に食事をし、笑い、テニスやゴルフをしている。おそらく宣伝されている薬の名前と思われる奇妙な単語がときおり映し出される。しかしどんな種類の病気がこの薬によって治るのか、その薬はどのように使用されるべきかはたいてい不明である。映像に映し出される人々は全員明らかに健康で、コマーシャルは全体的に全くありえそうもないものに見える。彼らを具合悪くさせることのできる唯一のものは、宣伝されている薬そのものかもしれない。この薬が何に効くのか全く明らかではなくとも、最後には副作用の短い一覧が映される。通常副作用一覧は、めまいと吐き気から失明と突然死にわたる。しばらくしてから一覧は消え、映像は再び幸せな家族を映す。視聴者はこの家族が健康で幸せでいることに安心する。それはおそらく、家族が結局この薬を服用しないことに決めたからだ。

われわれは知識を権力と同等とすることに慣れている。知識を持った主体は強く、力にあふれた主体であり、潜在的に普遍的で絶対的な主体であるとわれわれは考える。しかし自分の物理的および象徴的身体のケアテイカーとしては、私は知識の主体ではない。前述したように、私は自分の物理的身体の知識を持っていない。しかし自分の象徴的身体についての完全な知識もまた持っていない。私の象徴的身体、つまり私のアイデンティティの起源には、自分の名前、両親の名前、生年月日と出生地、国籍やそのほかの詳細情報を私に伝える出生証明がある。これは、パスポートやさまざまな住所や、卒業証書のような、のちにすべての他の証明書を生み出す基礎となる証明書である。これらすべての証明書は、まとまると社会における自分の地位や立場を定義する。それらは社会が私をどのように認識し評価するかを反映している。そしてそれらは、死後に私がどのように記憶されるかを決定する。けれども、両親が私を受胎したこと、私の誕生という出来事、誕生の場所と時間、国籍を得るための活動を私が経験することはなかった。私のアイデンティティは他者たちが作ったものなのである。

もちろん、ジェンダーを変更することから、他の人々の目に映る私とは自分自身は実際には全く異なっていることを説明する本を書くことまで、さまざまな方法で私は自分の象徴的身体を変えようと試みることができる。しかしながら、ジェンダーを変えるには外科医のもとに行かなければならないし、本を出版するにはそれらを編集者に提出して彼らの意見を求めなければならない。もしくはそれらの本をインターネット上に置いてユーザーの意見を求めなければならない。いいかえれば、自分自身の象徴的身体の変更を完全にコントロールすることはできないのである。しかも、象徴的身体は永遠の再評価のプロセスを経る。昨日は象徴的に価値のあったものが今日は価値が低下し、明日には再評価されることがある。ケアテイカーの役割では、これらのプロセスをコントロールするどころか影響を与えることすらできない。さらに現在の文明においては、われわれが知り合意することなしに、われわれはずっと監視され記録される。象徴的身体は、記録、イメージ、映像、録音、本やその他のデータのアーカイヴである。たとえその結果を監視された人々は知らなくとも、監視の結果がこのアーカイヴの一部なのである。このアーカイヴは物質《マテリアル》である。監視された人も含めて誰もそれにアクセスせず、もしくは興味を持たれなくても、それは存在する。この点において、誰かが犯罪——とりわけ政治的な動機を持った犯罪——に加担するとき、何が起こるのか観察するのは有益である。声明文や集められた武器とともに、容疑者が食料品店で食べ物を買い、ＡＴＭから現金を引き出す画像がすぐさま見つかる。この例は、象徴的身体の現れと増大は、社会の注目から相対的に独立したプロセスであり、ほとんどこの象徴的身体の最初のケアテイカーの管理を超えて生じることを示している。最初のケアテイカーの死後もケアする機械は止まらない。そしてこの機械は、象徴的身体を形作ろうとする最初のケアテイカーの努力は部分的にしか成功しなかったことを示している。墓所の碑文はほぼ出生証明の反復と、死のデータの付け足しであり、作家、画家、革命家といった、ケアテイカーがなろうとしたものではない存在についての情報が大まかにあるだけである。象徴的身体の再評価はケアテイカーの死の後も継続する。記念碑が建てられ、破壊され、そして再建され、本が出版され、燃やされ、その後ふたたび出版され、新しい記録が現れ、他の記録が失われる。ケアは続くが、奇妙にも、個人の象徴的身体の再評価が死後に変化することに対する責任は、最初のケアテイカーに属したままである。そして実際に、物理的身体のケアがその避けられない死の予感を前提としているように、象徴的身体のケアは物理的身体の死後の運命に対する期待を前提としている。

われわれが「自己《セルフ》」と呼ぶのは、この物理的身体と象徴的身体の組み合わせである。「自己」のケアテイカーとして、主体は自己に対して外部の位置をとる。主体は中心的ではないが、中心から外れてもいない。ヘルムート・プレスナーが正しく述べているように、それは「脱中心的《エキセントリック》」であり、[2] 自分がセルフケアの主体であることを知っているのは、ちょうど私が自分の名前、自分の国籍、その他の個人的な詳細を学んだように、それを他者から学んだからである。しかしながら、セルフケアの主体になることはケアの実践について決定する権利を持つことを意味しない。患者として医者のあらゆる指導にしたがうこと、私が受けさせられるあらゆる苦痛を伴う処置に受動的に耐えることを私は要求される。この場合、セルフケアを実践することは、自分自身をケアの対象に変えることを意味する。そしてこの自己対象化の作業は、強い意志、鍛錬、決意を要求する。もし私が患者としてのすべての私の義務を達成することに失敗したら、それは、意志の欠如、つまり弱さとして解釈される。

一方で、健康な人があらゆる合理的な助言を無視し、死の危険を引き受けるという決定

（2） Helmuth Plessner, *Levels of Organic Life and the Human* (New York: Fordham University Press, 2019), pp. 267ff.

はわれわれの社会では感心される。病人は生を選ぶことを提案されるが、健康な人は死を選ぶことを歓迎される。それは戦争の場合には明白である。しかしわれわれはまた、労働者の健康を脅かしかねない猛烈な仕事の努力に感心する。そしてわれわれはエクストリーム・スポーツや死に至る可能性のある冒険の実践者たちに感心する。いいかえれば、象徴的身体にとって好ましいこととは、物理的身体を破壊できるということなのである。われわれの象徴的身体の社会的地位を向上させることは、われわれの健康を損なうかもしれず、死の危険にさえ巻き込むわれわれの生命力に投資することをしばしば意味する。

こういうわけで脱中心的なセルフケアの主体は、物理的身体と象徴的身体の間のケアの配分に配慮しなければならない。たとえば、プロの運動選手に見合った健康の基準は、プロのスポーツに関わってはいない誰かには適用できない。肉体労働もしくはマニュアル仕事に基づいている他の専門家たちについても同じことが言える。しかし、いわゆる知的な専門職はそれを実践する者の健康に依拠している。誰もが何時間もオフィスに座っていられるわけではないし、誰もが長い間特定の問題に集中し続けていられるわけではない。これの意味では、われわれの健康にとって何が真に良いのかはわからない。われわれの象徴的な地位によって決定される必要性にあった治療を選ぶべきか、もしくはこの地位を変えるべきなのか。別の職業、国、アイデンティ、家族を選ぶべきか、もしくは全く家族を持たざるべきか。これらの選択全ては相互に関連しており、それら全てはわれわれの健康に役立つこともあるし、ダメージを与えることもある。

もちろんこの問題の解決方法は、われわれの物理的身体と象徴的身体を超えたところに位置すると考えられる「真の自己」を探求することでしばしば見出せる。しかしまたしても、デカルトの懐疑から超越的な瞑想まで、さまざまなしばしば矛盾する助言と方法に直面する。セルフケアの主体は、ケアの制度を含めて、われわれが社会によって扱われる方法を通して構成されている。主体が物理的および象徴的身体をケアするのは、そうすることが要求されているからである。健康でいろという要求は現代の主体に向けられた基本的で普遍的な要求である。もちろん、人間の身体は、性、民族的出自やその他の要因に基づいて異なった特徴を持っている。しかし、健康でい続けるという要求は、これら全ての身体に同じ程度当てはまる。もし身体が健康でありさえすれば、その主体は社会の福祉に貢献することができ、もしくは社会を変えるのに貢献することができる。健康への投資は、社会生活に参加することを可能にする基本的投資である。こういう理由で、あらゆる形式の退廃、受動性、自分自身の病気を増やすこと、通常のセルフケアの作業の実践を嫌がることを、社会は否定する傾向にある。

事実、セルフケアを含むケアの仕事は常にハードワークであり、それを避けられることは常に幸せである。基本的にケアの仕事はシジフォスの労働である。誰もがそれを知っている。毎日食べ物が準備され、その後食べられ、そしてまた食べ物を準備し始めなければならない。毎日部屋は掃除され、そして次の日には再び掃除されなければならない。毎朝毎晩歯を磨かなければならないし、次の日も同じ儀式を繰り返す。毎日国家は敵から自分自身を守らなければならないし、次の日も状況は同じである。飛行士は乗客を目的地まで無事に送り届け、それから飛行して戻らなければならない。しかも、医療システムに治療される患者は皆、ある時点で必ず亡くなる。そしてシステムは次の患者にとりかかり、その後同じ結果になる。ケアとセルフケアの労働は非生産的であり、永遠に終わらないままであり、したがって、深いフラストレーションにしかなり得ない。しかしそれは極めて基礎的で不可欠な労働である。あらゆる他のものがそれに依存している。われわれの社会、経済、政治システムは太陽光エネルギーや風力のように、再生可能なエネルギーの源泉として国民を扱う。しかし、このエネルギーの発生は「自然」には保証されず、国民である個人の一人ひとりがセルフケアを実践し、自分の健康に投資する準備を通してのみ保証される。もし国民がこの要求を無視し始めたら全体が崩壊するだろう。脱中心的なセルフケアの主体は社会システムとの関係においてメタポジションをとり、そうすることによって自分の権力を発見する。エネルギーと健康への投資を減らすことで、個人は社会のエネルギーレベルを全体として低下させる。そしてこのメタポジションは普遍的なポジションである。セルフケアの個人の主体は脱中心的であるためにそれは普遍的になるのである。それは、みな「自己」である全てのケアの主体は自分自身を同じポジションの中に見出すからである。

医療ケアはわれわれの身体を回復させること——働けるようにし、それにより社会が円滑に機能することを確実なものにすること——をゴールとしているとしばしばみなされる。しかし現代のケアのシステムはまた、決して再び経済的に機能せず、おそらくかつても機能しなかった身体を扱う。この場合主体はもはや、この身体を所有物や道具として自由に使う、身体の私的所有者ではない。身体は完全に社会化され、官僚化され、政治化される。生殖機能も含めた、最も私的で個人的な機能が、公的関心と政治的議論の問題となる。これは長い間プライバシーの終わりとして理解されてきた。しかしセルフケアの主体もまた、自分自身の身体に関する政治および運営上の決定のプロセスの参加者にすぎない。公的、象徴的で、メディアに媒介された身体が、物理的で私的で個人的な身体と一致し始める。現代社会のメディア、そして概してインターネット上では、この公的なものと私的なものの同一化が見られる。インターネットはわれわれの最も日常的で個人的な必要性と欲望を満たすメディウムとして機能する。そして同時に、公にアクセスすることができるよう、それらをデジタルメモリに書き込むメディウムとしてインターネットは機能する。このプライバシーの喪失はプライバシーの回復への要求を呼び起こす。しかしプライバシーへと戻ることは、つまり、無制限の身体の個人所有へと戻ることであり、それはケアのシステムにとって破壊的なものとなるだろう。

セルフケアの主体が、身体に関する医療、政治、行政の議論に積極的に参加することは、医療の知識を含むケアに関する知識を、無知の立場から判断する能力を前提とする。異なった科学の緒学派が、承認、影響力、名声、権力を求めて競っている。それらは全て知識の立場から個人をケアすることを要求する。個人である主体は、選択を行うのに必要な知識を持たずに、それらの中から選ばなければならない。それは主体に弱さと当惑を感じさせる。しかし同時にこの弱さは強さでもある。なぜならば、あらゆる種類の知識は、受け入れられ実践されさえすれば、強力になるからだ。哲学の伝統はこの弱さと強さのアンビバレンスを反映する伝統として理解しうる。様々な哲学の教えは、ケアとセルフケア、依存と自律のさまざまなタイプの関係性を示唆している。この関係性の現代の状況の系譜をよりよく理解するために、それらの教えの短い概観に着手しよう。

1　ケアからセルフケアへ――プラトン、ソクラテス

知識を持たない立場から知識を判断するという逆説的な状況は、プラトンの対話篇において最初に記述されている。ソクラテスは、真実とは何か、正しい生き方とは何かという問いに対するさまざまな答えを提供するソフィストの言説に注目し、関心を持って耳を傾けた。こうしてソクラテス自身は、これらの言説の中から選択するというメタポジションにいることに気付いた。現在ならば、学び、十分な知識を身につけ、最初の知識のない状態を克服しようとすることがソクラテスに期待されるだろう。これは、知らない者に通常期待されるもの、つまり学ぶということである。しかしソクラテスはこれらの期待を裏切る。知識を蓄積する道を前に進む代わりに、彼がすでに持っている知識を拒絶して後ろに戻る。ソクラテスはソフィストが宣伝した教えを疑ったのみならず、聞き手たちにソフィ

ストの言説は説得的であると思わせた神話、詩、悲劇というギリシアの伝統をも疑った。いいかえればソクラテス自身は、全体性という点においてギリシア文化のアイデンティティから距離を置き、それに対して脱中心的な立場をとったのである。哲学の運動は、前へと進む運動ではなく、教育と知識の道を進む進歩でもなく、元に戻る運動、知識のない状態への後退である。ソクラテスは学びもしなかったし、教えもしなかった。彼は知識を得ることを望まなかったし、知識を宣伝することも望まなかった。

ソクラテスが、他の女性が子供を産むのを助ける産婆に自分自身を例えたのは有名である。彼は同じように、もし他の者が真実を胚胎しているならば、他者の魂の中で真実が生まれるのを助けると断言した。これは明らかに医学的なメタファーである。ここでは真実への関心《ケア》は人間の身体をケアすることのアナロジーとして理解されている。真実を胚胎し、それに生を与えることは苦痛に満ちた経験である。「わたしと交際する者たちは、この点でも妊婦と同じ経験をする。つまり、彼らは夜も昼も、妊婦たちよりはるかにひどい陣痛に悩み、難問でふくれあがっているのだ。その陣痛をひきおこしたり、とめたりすることが、わたしの技術では可能なのだ(1)」。真実が生まれるとき、ソクラテスの患者は安堵する。しかしこの真実はソクラテスによって誤りとして拒絶されうる。「きみが語ることをわたしが調べて、それを、みかけだけで真実ではないものだと考え、しかるのちそれを取り去り、放棄するとしても、子どものことで初産の人がよくそうするようには、怒り狂わないでほしい。というのも、きみ、多くの人々がわたしに対しては、かれらが生んだみかけ倒しのものをわたしが取り去るときに、文字どおり嚙みつかんばかりの気持ちになってしまい、わたしがそのことをおこなっているのは善意からだとは、考えないからだ[2]」。

ここでは真実への願望は擬似的な生理学のレベルに置かれている。真実を望むために患者は苦しむ。そこで彼らはソフィストや教師から真実を受け取ることを期待し、彼らの元へ行く。だがソクラテスは、それは誤った診断であると信じていた。実際には患者はすでに真実を胚胎しているが、それを生み出すことができないのである。真実は、われわれを超えたところよりも、むしろわれわれの中——極めてよく知られたものとなった一連の論法——にある。しかしながら問いは次のことである。真実を受け取ろう、あるいは生み出そうとする最初の内的圧力は、個人が生きる社会から独立して、個人の中に現れるのか？

（1） Plato, *Theaetetus*, trans. Benjamin Jowett (Global Grey ebooks, 2018), p. 13.〔プラトン『テアイテトス』渡辺邦夫訳、光文社古典新訳文庫、二〇一九年、六四頁。〕
（2） Ibid.〔同書、六六頁。〕

プラトンの対話の文脈全体が、それは違うということを示唆している。真実への欲望は個人が生きる社会によって個人に課される。個人はあらゆる方面からさまざまなソフィストの言説によって攻撃され、さまざまな有名な師の追随者として、知識の領域の中に自分自身を位置付ける義務を負わせられる。ソクラテスの方法は魅力的である。なぜならばそれは、たとえ真実が隠されたままであっても、患者はすでに自分の中に真実を持っていると主張することで、患者がこのような位置づけを逃れることを可能にするからである。

たしかに今日でさえ、もしある哲学の教えや社会的な計画を拒否するのであれば、たいてい、じゃああなた自身の信念と計画は何なのか、と訊かれる。ソクラテスはわれわれにこの修辞的な罠をどのように避けるのか教えてくれた。あなたの意見を否定します、というべきではない。ただ、もっと詳しくあなたの意見と主張を説明してもらえますか、おそらくあなたの主張にはいくつか矛盾があることがわかるのではないですか、と聞くべきである。この防衛戦略はあらゆる説得的なスピーチを内部から崩壊させる原因となる。そして同時に反論を組み立てることへの要求を回避する。もちろんこの種の防衛は苛立たしいものである。少なくとも公共生活の主要問題に関しては、立場を明確に述べることを、社会はその構成員に求めるからである。「私はどのような立場も取らない」と言うことは侮辱のように見える。そして知ってのとおりソクラテスは、この侮辱のために死刑を宣告された。法廷の決定は特定の論理を欠いている訳ではなかった。つまり政治的にも倫理的にも立場を持たない人間はすでに社会的に死んでいるのである。ここで見過ごされているのは次のことである。少なくともプラトンの解釈によればソクラテスは、理想的な社会においては誰も何らかの個人的な立場を必要としないと信じていた。個人的な立場は常に私的な利害関心の表現である。それらは第一に経済的な利害であり、なおかつ（もしくは）その人の家族の使用権である。しかし、プラトンの『ポリテイア（国家）』で記されているように、理想的な国家では誰も私的財産と家族の使用権を持たない。それはレベル・ゼロの国家である。そのような国家は永遠である。なぜならば、歴史的に所有関係が変われば家族構造もまた変化するが、それがなければ変化もありえないからである。

この国家は、真実、良きもの、正しさ、美しいものをそのものとして眺め、それらの真実のイメージを周囲の現実と比べることのできる哲学者たちによって統治されるに違いない。ここでは哲学は教えや言説の形を取らない。永遠の「善」を熟考することは静けさの中で生じる。『国家』における有名な彼の洞窟の寓話において、プラトンによるソクラテスは、真実を熟考することへと至るためには、外的な圧力のもとに置かれなければならないと主張する。社会空間は洞窟と比較される。そもそも〔洞窟の中の〕人は、壁に顔をむけ、さまざまな方向から洞窟の入り口にもたらされる物の影を見ている。それらの影の起源を見出したいという衝動は外からやってくるはずであり、自分の体の位置を変えることを余儀なくされる。「彼らの一人が、あるとき縛めを解かれたとしよう。そして急に立ち上がって首をめぐらすようにと、また歩いて火の光のほうを仰ぎ見るようにと、強制されるとしよう。そういったことをするのは、彼にとって、どれもこれも苦痛であろうし、以前には影だけを見ていたものの実物を見ようとしても、目がくらんでよく見定めることができないだろう[3]」。これを証拠づける出来事は、ただちにではなく、さらに暴力を加えた結果生じる。「もし誰かが彼をその地下の住いから、粗く急な登り道を力ずくで引っぱって行って、太陽の光の中へと引き出すまでは放さないとしたら、彼は苦しがって、引っぱって行かれるのを嫌がり、そして太陽の光のもとまでやってくると、目はぎらぎらとした輝きでいっぱいになって、いまや真実であると語られるものを何ひとつとして、見ることができないのではなかろうか？[4]」。ここで重要なのは、この暴力が患者／学ぶ者の体全体に加えられていると理解することである。なぜならば、彼らは自分の体全体をひねることなく目を真実へと向けることができないからだ。哲学的な存在様態へと変わる光景全体は、恐ろしい話、真のホラーなのである。

実際に個人の魂は永遠の光のヴィジョンへともたらされるが、それは説得もしくは本人の独断的な決定を通してではなく、物理的な暴力を直接加えられたことによって生み出された、身体の姿勢の変化の影響としてもたらされるのである。マルクス主義の用語で言えば、上部構造のレベルでの精神的覚醒の結果ではなく、物質的下部構造のレベルでの身体の姿勢の変化によるものとして、主体は光を見る。バディウがプラトンの『国家』の「翻訳」で、この唯物論的転換《メタノイア》の行為の暴力を強調するのは驚くべきことではない〔バディウは生き生きとした現代的な言葉づかいになるようなプラトンの『国家』の「超訳」をおこなっている〕。

彼の眼はひどく痛み、逃げ出したくなる。彼は見るのに耐えることができるもの、影へと戻りたくなる。彼は彼らが彼に見せている物よりも、その影の存在をはるかにリアル

（3）Plato, *The Republic*, trans. Benjamin Jowett (New York: Vintage, 1991), p. 254.〔プラトン『国家（下）』藤沢令夫訳、岩波文庫、二〇二二年（一九七九年）、一〇七頁。〕

（4）Ibid., p. 254.〔同書、一〇八頁。〕

だと考えている。しかしすぐにわれわれに雇われた屈強な男たちが、彼をつかまえて、映画館の廊下を手荒に引きずっていく。彼らはそれまで隠されていた脇の小さなドアから彼を行かせる。彼らは彼を汚いトンネルへと投げ入れる。そこからは外へと、日に照らされた春の山の斜面へと出ることができる。光に目が眩んで、彼は震える手で目を覆う。われわれが派遣した奴らは長い間、上へもっと上へと、険しい坂道に沿って彼を押し上げる。彼らはついに陽の光がいっぱいの山頂に辿り着く。そこで彼を解放し、山を下って戻り、そして消える(5)。

だがこの苦痛に満ちたエクササイズは、哲学者を社会のより良い構成員にするのだろうか？　まったくそうではない。真実の光で盲目にされた哲学者が洞窟の中へと戻ると、「人々は彼について、あの男は上へ登って行ったために、目をすっかりだめにして帰ってきたのだと言い、上へ登っていくなどということは、試みるだけの値打ちさえもない、と言うのではなかろうか。こうして彼らは囚人を解放して上のほうへ連れて行こうと企てる者に対して、もしこれを何とかして手のうちに捕えて殺すことができるならば、殺してしまうのではないだろうか？(6)」。

しかし死の見込みは哲学者を恐れさせはしない。真実の永遠の光の中で、哲学者は自分の魂が永遠であることを見いだす。永遠の神のイデアについての観想によって、自分自身の身体および社会的身体全般に対して脱中心的な立場にいることが、哲学者たちに保障される。こうして彼ら自身は、ケアの対象からケアおよびセルフケアの主体へと変わることができる。プラトンは、誰が洞窟の住人のひとりを洞窟から引きずり出したのか明確には言わなかった。それはまるで、彼が洞窟の入り口で物を前後に動かしている労働者たちを見分けることができないのと同じである。いずれにせよ、真理の問題に着手するには、主体そのものが弱すぎるのは明らかである。主体は真実を遂行することができるが、外部からの案内とコントロールの元においてのみ可能なのである。だがなぜ主体はそんなに弱いのか？　プラトンならば、主体はその身体の内部に囚われているからだ、というだろう。身体の内部に囚われていることによって、魂は肉体の欲望と日常の利害関心にあまりに占有されている。そして、そのことが魂を弱くしているのだ。哲学的な真実への関心《ケア》は、肉

（5） Alain Badiou, *Plato's Republic: A Dialogue in Sixteen Chapters*, trans. Susan Spitzer (Cambridge: Plolity Press, 2012), p. 24.

（6） Plato, *The Republic*, p. 255.〔プラトン『国家』、一一一頁。〕

体的欲望、実用的計算、個人的な義務が免除されていることを前提としている。肉体に関係するあらゆるものとその社会的立場が除外され、魂がそれ自身について観想することが可能になるときに、真実はそれ自体姿を現す。これが、哲学が死への準備、地上の肉体的な存在である洞窟を去る準備である理由である。そして死への準備は、孤独で静かな活動である。それは観想という活動である。

プラトン派の哲学者は闘争と競争を避ける。ソフィストは名声と金銭のために競うが、哲学者はすでにこの競争に飽きており、それを眺めるだけである。哲学者はこの競争の見世物について、いくつかの皮肉な発言をしようとしており、それだけである。真実の光は教えるという形では明言されることも提示されることも不可能である。しかしソクラテスは黙ったままではいなかった。彼は公共の場と公共の目からのがれようとはしなかった。彼は森や砂漠で生活しに行くことはなかった。そうではなく、彼はまさにアテネの社会生活の一部にとどまった。彼は公共集会やソフィストの議論に参加し続けた。しかし意見のゼロ地点へと至り、ゼロの言説、つまり内容のない言説を練り上げるという課題に直面した。伝達し、影響を与え、説得することを目的として持たないならば、このゼロ言説の目的とは何だったのか？　その目的は説得することではなく、思いとどまらせることである。

プラトンによるソクラテスにとっての真実の根拠とは、全ての間違った意見を取り除く効果〔があること〕である。有名な「われおもう、ゆえにわれあり」という真実を断言するデカルトの主張の根拠となる経験にも、同じことが言える。

根拠となる経験は、明らかに「主観的な」経験でしかない。個人を真実へとアクセスする立場に立たせる同じケアテイカー――デカルトの比較を使えば、産婆――によって、根拠が真実であることが確証される必要があるのは、このためである。歴史的にこの普遍的なケアテイカーの役割を引き受けたのは教会だった。教会は神の観想へと変えることを目的とし、きわめて瑣末な詳細に至るまでヨーロッパの人々の日常生活を再組織した。そして教会は、関連する根拠が正しいのか違っているのかはっきりさせるために、個人の観想の結果を詳しく調べた。のちのデカルト後の時代には、個人的な根拠をコントロールするという同じ役割を持った科学コミュニティが教会にとって代わった。いいかえれば、ここではセルフケアは制度によるケアの効果として理解される。セルフケアの脱中心性はケアの制度に服従したままである。

真に脱中心的になるためには、教会もしくは科学コミュニティの判断に逆らってでも、セルフケアの主体がその個人的な根拠の妥当性を主張しなければならない。プラトンにとって真実の光は、魂が身体の中に囚われることによって見えなくなったが、偽られたり曲げられたりはしなかった。しかしキリスト教の伝統では真実と思われる光は悪魔のものともなりうる。ルシファー〔明けの明星〕はサタンの名前の一つである。光か闇かではなく、二つの光の中から選ばなければならない。そして、選択が危険で永遠の滅亡へと至る可能性があるとしても、間違った光を選択する決断はセルフケアの主体の自由の勝利として容易に理解されうる。ロマン主義時代には、多くの知識人と詩人が自分自身をメフィストフェレス、悪魔、サタンと同一化しようとしていた。つまり、あらゆる形の否定と反乱をもって、制度化されたキリスト教による保護の圧制からようやく逃れられた。神から自由へと転換した。しかし、健康に関してはどうだろうか？　自由を求めることは、われわれの健康にとっては良いことなのか、それとも悪いことなのか？

2　セルフケアからケアへ——ヘーゲル

〔前章最後の〕この問いはヘーゲルの哲学の中心にあると論じることができる。ここでは歴史は人間の主体性の本質としての自由を明らかにする過程として理解されている。歴史の運動はその内部の論理——つまり自由の解放の論理——に従う。哲学者ヘーゲルは教師でも、ケアテイカーでも、指導者でもなく、この運動の鑑賞者である。プラトンによるソクラテスとは違ってヘーゲルは、いつ自由の探求が終わりを迎え、いつそれが成功となるかを見分けることができる。歴史全体を通して、自由は否定としてそれ自身を明らかにする。もしそうしようと望むなら、自由は悪魔的である。歴史的に確立され、制度化されたあらゆるものを否定する歴史全体を経て自由が進行するとき、主体はその真実を知るだろう。革命と戦争という暴力的な歴史の終わりに、人間の魂はそれ自身の法を制定するだろう。そして主体は、過去の権力によって強制された世界ではなく、それ自身の世界に生きるだろう。

ヘーゲルが人間の歴史を精神のゴルゴタとして語るのは偶然ではない。主体性の真実はそれ自体を「現象学的に」示すに違いない。つまり、神の主体性が十字架の上のキリストの死を通して表されたように、主体性の真実は歴史的な行為の中でそれ自身を表すことによって見えるようになるのである。人間の歴史は、あるがままの事物の重荷と不明瞭さからの、主体性の解放の歴史である。この解放の終着点は、主体性をそのものとして、つまり自由として示すことである。かくして歴史は目的論的であり、否定の否定という弁証法的なロジックによって導かれたプロセスである。しかしキリスト教会の役割とは対照的に、ここではわれわれは保護のない導きに関わっている。歴史はわれわれを真実へと導くが、歴史がわれわれを保護したならば、決してこの真実には辿り着かず、われわれの主体性は完全には明示されないだろう。ヘーゲルは抵抗や反乱といった対抗するものを賛美する。しかし、ヘーゲルにとってそれらは、成功するときのみ正当化されるのであり、進歩的な歴史の運動に合致し、正しい歴史の瞬間に生じる時にのみ、それらは成功するのである。だが、どの特定の歴史的行為が適切であり、どれがそうではないのかを誰が決定することになるのか？　それは歴史の行為主体の決定ではなく、歴史それ自体の決定である。そしてこの決定は、行為が行われる前ではなく、行われた後になって初めて明白になる。現象論者としてヘーゲルは歴史の運動の鑑賞者の立場を引き継いでいる。彼は精神の鑑賞者ではなく、行為する身体、つまり十字架の上で苦しむ神の身体、そしてまた自分の自由のための戦いにおける歴史的な進歩によって動かされる身体の観賞者である。

ヘーゲルは主体の究極の自己顕現をフランス革命の恐怖の中にみた。この普遍的な恐怖によって主体性の真実とは自由であることが示された。かくして、フランス革命は究極の人間主体の歴史的な顕現となり、同時に歴史の終わりとなったのだ。「こうした絶対の自由のもとで、社会をなりたたせるべく全体が部分にわかれるなかで生じた階層や地位・身分は、すべて解体され、社会の一分野に属しつつ、そこで意志し行為していた個々の意識は、その制約を破棄してしまう。個人の目的が共同体の目的となり、個人のことばが共同体の掟となり、個人の仕事が共同体の仕事となる[1]」。さらに、

(1) G. W. F. Hegel, *Phenomenology of the Spirit*, trans. A. V. Miller (Oxford: Oxford University Press, 1977), p. 357.〔G・W・F・ヘーゲル『精神現象学』長谷川宏訳、一九九八年、作品社、四〇〇頁。〕

したがって、共同体の自由の唯一の成果と行為は「死」なのであって、それも、いかなる内面的な広がりも内実ももたない死である。否定されるのは、内実なき点としての、絶対に自由な自己であって、その死は、キャベツの頭を切りおとすとか、水を一口飲むといったほどの意味しかない、無情であっさりした死である。(2)

この死は個人をキリスト教の天国へと送ることはなく、啓蒙的な意味での実用性もなく、豊かさも名声ももたらさない。

普遍的恐怖としての普遍的自由の顕現の後に、個人がそれぞれの特定の役割、特定の状況と限られた課題へと、いいかえれば彼らが文化へと戻ったのはこのためである。しかしそれは、確立された秩序を若返らせる革命前の文化への単純な回帰ではなく、そこで再び繰り返される革命の爆発の可能性を残している。革命の恐怖は「絶対的な主人(3)」としての死への恐れを個人に教えた。したがって、革命後の死への恐れは革命前の神への恐れと同じではなかった。今や個人は、外的な危機ではなく、それ自体の自由の作用としての死を知っている。この意味において、自由を否定することは肯定的になる。この知識が個人の本質となるように、いまや個人は自分自身を知っている。(4)

歴史の終わりが到来した。歴史的行為は無意味になった。フランス革命後、それぞれの個人は自分自身について知らなければならない何もかもを知っている。つまり、個人は自分自身を恐れなければならないことを知っている。歴史は否定の歴史である。そして、個人がその特定の場所へと戻り、統治と管理のシステムへの再登録をもって、否定の否定で終わる。この統治のシステムはそれ自体を自由の体現として提示するが、それは間違った主張である。

制定の一端を担った自主的な掟に服従しているのだ、と自分にいいきかせても、さらにまた、自分たちの代表を通じて立法その他の共同体の行為がなされたのだ、と考えても、それでもって現実をおおいかくすことはできない。みずから掟を制定し、個としての仕事ではなく共同体の仕事をみずから実行したのだ、とは、やはり思えないのである。誰かに代表されたり代行されたりするだけの自己は、現実に存在する自己とはいえないし、

(2) Ibid., pp. 359-60.〔同書、四〇三頁。〕
(3) Ibid., p. 361.〔同書、四〇四頁。〕
(4) Ibid., p. 363.〔同書、四〇六頁。〕

だれかがとってかわるとき、かわられた当人は形のない存在なのだから。(5)

自由が顕現する歴史的な瞬間はわれわれの後方にある。

歴史によって動かされ、歴史の年代記に記憶される歴史的人間は危険であった。人間の歴史は自由への欲望によって動かされた否定の歴史だった。同時にそれは、唯一正当化するものが伝統、つまり過去の権力でしかなかったために、不合理な権力、権威、信念を否定する理性の歴史でもあった。しかし、歴史の終わりの後で、自由の道と理性の道は分岐した。革命後の社会政治制度は理性的な制度となったので、それらの根本的な否定はただ非合理的で破壊的にしかならなかった。いまや理性は自己保護の戦略と一致する。理性的存在として、ポスト革命、ポスト歴史的主体は、動きを止められ、飼い慣らされた存在となることを運命づけられてきた。こうして、なぜヘーゲルの「歴史の終わり」は次の世代を極めて不安にしたのかが明らかになる。歴史の終わりの後では、人類は英雄的になり、歴史の記憶に値する者になる機会を失う。もはや理性は既存の秩序の否定としてではなく、現状維持を正当化するものとして作用した。いまや理性的人間になることは、致死的な危険を避け、暴力的な死、したがって戦争と革命を避けることを意味した。もはや自分の人生を犠牲にしようとするべき歴史的ゴールは存在しなかった。その代わりに実践できる唯一の活動は自己保存だった。かつて神のような歴史の鑑賞者として振る舞った哲学者は歴史後の国家の保護者となった。またもや哲学者は記憶を操ったのだが、それは永遠の真実の記憶ではなく、歴史的幻影と失敗の歴史を語る、歴史的な記憶だった。この歴史的記憶の目的は、聞き手もしくは読み手に過去の過ち——歴史のある地点では真実となり得たが、歴史の終わりの後では不適切となった過ち——を繰り返さないよう思いとどまらせることだった。その繰り返しを避けるためにのみ、歴史を覚えておくべきである。

もちろん、解放の歴史は終わらず、われわれはまだ暴力、戦争、抑圧、革命に直面していると主張することは常に可能である。しかし、ここではそれは問題ではない。真の問いは、もし人間の自由の顕現という歴史の終わりが達成されたならば、文明の唯一の目的は法の支配によって保証された個人の人間の身体の保護にとどまるのかどうか、ということである。そうであれば、激しく動かされた戦争と革命の歴史的身体は、動きを止められたケアの身体となるだろう。精神はそれらを見捨てるだろう。もはや身体は、未来へと向け

(5) Ibid., p. 359.〔同書、四〇一—四〇二頁。〕

られたイデア、プロジェクト、ユートピアの名の下にその生を危険にさらそうとはしないだろう。なぜならばこれらのイデアとユートピア全ては過去にとどまっているからだ。いまや教会の役割は、フーコーの用語を使うならば「羊飼い」となったポスト歴史的国家によって打ち負かされる。この国家の目的は、真理の観想ではなく国民の健康である。近代の世俗的な、革命後の国家の絶対的な主人は、実際のところ死である。国家は自ら招いた死から――市民の主体性の本質である破壊的な自由から――市民の身体を保護する。このようにして国家は犯罪、戦争もしくは革命を通して、個人が死をコントロールすること、死の主人となることを妨げる。歴史後の社会は完全な保護、完全なケアの社会である。しかしこのケアは人間自身から人間を守るが、人間に自然な死をもたらす。この意味において、死は歴史後の国家の絶対的な主人であり続けるのである。

しかし、ここで見過ごされているものがある。人間の身体は単に社会化されたケアの身体ではないということだ。しかも人間が動物や植物と共有しているのは、自然の死だけではない。人間はそれらと、世代交代つまり死と誕生の普遍的な連鎖への参加をも共有している。そして人間は、若く体力があり、欲望に満たされている状態、歳をとり、弱くなり、失望し、気力がなくなる予測や見込み、そしてその後の死という同じサイクルをたどる。

したがって、われわれの身体が動かされることと動きを止められることとは、われわれの存在の、最も低い身体的なレベルで生じていように思われる。それらは政治的な闘争の歴史の中にわれわれが参加することの結果ではなく、われわれの生の生命のサイクルを明示するものである。歴史はここでは世代交代にとっては二次的なものとして認識される。

これは、われわれの身体のケアと保護のシステムが、生命のエネルギーの普遍的な流れからわれわれの身体を孤立させていることを意味する。実際、このエネルギーはケアのシステムによって抑圧されている。これが生政治国家のパラドクスである。それはわれわれを健康にするという目的を持っているが、実際にはわれわれを病気にさせている。実際には病人のみがケアを必要とするが、国民全体の面倒を見ることで、生政治国家は誰をも病人として扱い、個人の象徴的身体の場を決定するランクとヒエラルキーのシステムに従ってケアを配分する。象徴的身体は、記録され、歴史的に客体化され、官僚的に位置付けられた精神である。プラトンの精神は身体の内側に閉じ込められていた。ヘーゲル後の身体は象徴的身体となった精神の内側に閉じ込められている。そして今や、われわれの精神的な自由ではなく、むしろわれわれの健康、純粋な生命力が、象徴的身体の境界に抗してわれわれを押し出し、近代の羊飼いである生政治国家とその保護のメカニズムを否定する。

3　大いなる健康――ニーチェ

よく知られているように、ニーチェは「すべての価値の価値転換」、つまり本質的には真理の探究を健康になるという欲望で置き換えることになる、知的な作業に着手した。この置き換えは哲学のラディカルな民主化の行為だった。実際、誰もが理論に関する議論や真実の探究に興味があるわけではないが、病気よりも健康であることはほぼ誰もが望む。もちろん、ここでの中心的な問題は、健康であるとは何を意味するのか、ということである。ニーチェにとって健康であることは、たんに医学的検査によって肉体が健康であると認められることを意味しない。ニーチェによれば健康を表明することは攻撃である。ここには、自由は既存の秩序の否定としてそれ自身を表明するという、ヘーゲルの自由の見解との類比が見られる。しかし重要な違いもまた存在する。そしてニーチェの健康の哲学をヘーゲルの自由の哲学から根本的に区別するのは、まさにこの違いなのである。健康な有機体は攻撃的である。健康はエネルギーを意味し、そしてエネルギーはこの有機体のために世界に場所を生み出すという活動のうちで、それ自体を表明するからである。こういうわけで、健康はそれ自身を肯定し、その環境を支配しようと闘うがゆえに、攻撃的なのである。健康はネガティヴではなく、その行為はルサンチマンと反抗に動機づけられてはいない。したがって、自由は弁証法的であるが、健康はそうではない。自由はそれ自身を否定する歴史の終わりに自己肯定となる。しかし健康は最初から自己肯定的である。

確かに、見てきたように純粋な自由の本質は無であり、それを表明することは単純な破壊である。秩序に回帰することは自由の自己否定、つまり否定の否定を意味する。これが、ニーチェが自由のための闘争をニヒリズムと退廃の表明とみなしたことの理由である。反対に攻撃的な健康は、無のためでも無秩序のためでもなく、新しい秩序を課すために戦う。この闘争の主体は戦いに負けるかもしれないが、歴史後のヨーロッパの人間性がそうであったような新たな奴隷根性を決して受け入れようとはしないだろう。この健康の概念はややロマン主義的すぎるように見えるが、医学研究の狭い文脈においてさえ、それを避けるのは簡単ではない。たとえばジョルジュ・カンギレムはさまざまな健康の定義を議論した後に書いている。

こうした分析から、今やそれらが定義しようとした状態についての具体的意識の問題にもどるならば、人間にとって健康とは、それ自体何らの制限も設けられていない生活の中での自信の感情だということが、理解される。価値の語源である valere は、ラテン語で健康だという意味である。健康は、自分を、単に価値の所有者や保持者として感じるだけでなく、必要に応じて価値の創造者や、生命規範の設立者でもあると感じて、存在物に接近していく仕方である。(1)

一方、権力への意志が弱まることによって病気になる可能性もある。そしてカンギレムはさらに書いている。

(1) Georges Canguilhem, *The Normal and the Pathological* (New York: Zone books, 1991), p. 201.〔ジョルジュ・カンギレム『正常と病理』滝沢武久訳、法政大学出版局、一九八七年、一八一頁。〕

病人たちのいる世界では、病気でないと、長い間には、不安が生まれる。もしかして、病気より強いから、または他の人たちより強いから病気でないのでなく、ただ機会が訪れなかったから病気でないだけのことなのだろうか？　もしかして、さいごに、機会が来たら、他の人たちと同じくらいに、あるいは多分それ以上に、弱くなり、やつれてしまうようになるのだろうか？　こうして、正常な人間には、正常なままでいることの不安や、健康の試験としてのつまり健康の証明としての病気への欲求や、病気の無意識的追求や、病気への挑戦などが生まれる。正常な人間の病気とは、自分自身への生物学的信頼に一つの断層が出現することである。(2)

ここでは「正常」は明らかに健康を意味している。

『この人を見よ』の中でニーチェは、彼自身の中にある絶対的な生物学的自信を公言している。この意味では、これは最も正当な近代的な書物である。ニーチェによれば人間は「健康本能」を持っていなければならない。そして、自分の身体をより健康にするよう行為することができ、病んだものにするあらゆるものを拒絶することができる。こうして、ニーチェは栄養と気候に関して正しい選択をする必要性を主張する。長く美しい引用をしよう。

栄養の問題と密接な関係があるのが、土地と気候の問題である。自由に、どこにでも暮らせる人はいない。そして、全力が要求されるような大きな使命をかかえている者は、選択の幅が非常に狭くさえなる。気候が新陳代謝におよぼす影響、新陳代謝を抑制したり促進したりする影響は、とても大きいため、土地や気候を選びそこなうと、自分の使命から遠ざけられるだけでなく、使命そのものを取り上げられることにもなってしまう。使命の顔を見ることができなくなる。動物的な活力が十分な大きさにならなかったので、精神的な高みに達するようなあの自由には、「それができるのは私だけだ」と気づくような場所には、届かない。……ほんのわずかでも内臓が活力をなくして、それが悪い習慣になるだけで、天才は、すっかり凡庸なもの、「ドイツ的なもの」になってしまう。頑丈で、英雄的でさえある内臓をしょんぼりさせるには、ドイツの気候のなかに置くだけで十分である。新陳代謝のテンポは、精神の足がよく動くか、それとも麻痺しているか、

（2） Ibid., p. 286.〔同書、二七一―二七二頁。〕

に精確に比例する。「精神」そのものが、新陳代謝の一種にほかならないのだ。いろいろな土地をいっしょに並べてみてほしい。才気のある人たちが昔も今も暮らしている土地、機知、洗練、悪意が幸福の要件であった土地、天才がほとんど必然的に住み着いた土地。どの土地も空気がすばらしく乾燥している。パリ、プロヴァンス、フィレンツェ、エルサレム、アテネ――これらの名前が証明しているように、天才の条件とは、乾燥した空気、澄んだ空なのだ。――つまり、活発な新陳代謝であり、法外ともいえるほど大量の大きな力をくり返し自分に供給できる可能性なのである。(3)

したがって、健康であることは強く生命力に溢れていることを意味する。そしてこのエネルギーは闘争の中、戦争の中でそれ自体を表明しなければならない。

私の流儀は戦闘的である。攻撃することが私の本能だ。敵になれること、敵であること――それはもしかすると、強い天性を前提としているのかもしれない。いずれにしてもそれは、強い天性にはかならず備わっている資質だ。強い天性は抵抗を必要とする。したがって抵抗を求める。攻撃的なパトスは強さの属性だが、まったく同様に、復讐や遺恨の感情は弱さの属性である。[4]

ニーチェはくりかえし弱さとルサンチマンの立場からの攻撃と、生命力と健康の過剰の表明としての攻撃の区別を行う。彼は書いている。

私が攻撃するのは、個人間の衝突が一切なく、嫌なことを経験したという背景もないときだけである。それどころか、攻撃することは、私の場合、好意のしるしであり、事情によっては感謝のしるしなのだ。私は私の名前を、ある事柄やある人物に結びつけることによって、それらに敬意をあらわし、それらを顕彰するのである。敵にするのか、味方するのかは――私にとっては同じことだ。私はキリスト教に戦いを挑んでいるが、私にはその資格がある。なぜなら、キリスト教の側から嫌なことをされたり、邪魔をされ

(3) Friedrich Nietzsche, *Ecce Homo*, in *Complete Works*, vol.17, ed. Oscar Levy trans. Anthony M. Ludocvici (New York: Macmillan, 1911), pp. 33-4.〔フリードリヒ・ニーチェ『この人を見よ』丘沢静也訳、光文社古典新訳文庫、二〇一六年、五四―五五頁。〕

(4) Ibid., p. 23.〔同書、三九頁。〕

たことがないからだ。もっともまじめなキリスト教徒は、私にいつも好意を寄せてくれていた。私自身は、キリスト教にとって必要不可欠な敵対者であるが、何千年もの宿命を、個人のせいにして根にもとうとは思ってもいない(5)。

ニーチェはキリスト教に対して反論した。なぜならば彼にとってキリストは、弱い意志の人間であり、あまりに繊細であり、あまりに神経質であり、自分自身を守ることも他者を攻撃することもどちらもできない、退廃の完璧な例であるからだ。反対に、ニーチェは自分自身について、自分は人間ではなくダイナマイトだと述べている。真の健康は爆発しやすく危険である。それは健康をコントロールしたがる文化を破壊する。しかしニーチェは支配的な秩序を攻撃しても、それを変えることは望んでいない。そのような欲望は、彼の攻撃を単に特定の一般化された曖昧な目的を達成する手段にし、そうすることでルサンチマンの堕落した行為にしてしまうだろう。正当な攻撃は、いまここにおける攻撃者の健康と生命力の表明である。そのような攻撃は権力への意志に起因しているが、権力への意志は、行政の首脳となるのではなく、賞賛の対象となる意志として理解される。ニーチェは「現実の権力」には興味がなかったが、彼が望んだように、キリスト教とキリスト教後の人間性に対する彼の攻撃が、将来において彼にもたらす名声には興味があった。実際にニーチェは、同時代の人々よりも、未来の人類からの賞賛と名声を期待している。

このようにしてニーチェは、自分は現在ではなく未来に属していることを主張する。

私自身も触れられるには、まだ機が熟していない。死後に出される著作もあるからだ。――いつかそのうち、私が理解したような形で、人びとが生活しながら教えるという公共機関が必要になるだろう。もしかしたら、『ツァラトゥストラ』解釈のための特別講座が設けられる、ということさえあるかもしれない。しかし、もしも今日すでに私が、私の言う真理を受け入れてくれる耳と手を期待したりすれば、それは完全な自己矛盾だろう。今日はまだ誰も聞く者がおらず、今日はまだ誰も私から受け取ることができないのは、納得できるだけでなく、私自身も当然だと思う(6)。

(5) Ibid., p. 24.〔同書、四一頁。〕
(6) Ibid., p. 55.〔同書、八四―八五頁。〕

ツァラトゥストラに関しては、ニーチェはツァラトゥストラは「大いなる健康」であったと述べている。「大いなる健康」の意味を説明するために、ニーチェは彼自身の『愉しい学問』から引用する。「われわれは新しい者、名前のない者、理解されにくい者であり、まだ証明されていない未来の早産児である。新しい目的のためには、同じく新しい手段が、つまり新しい健康が必要になる。これまでのどのような健康よりも強くて、抜け目がなくて、強靱で、大胆で、陽気な健康が必要になる」(7)。「名前のない」はここではキーワードであり、詩的インスピレーションとの関係においてニーチェが大いなる健康について議論するときに、それをみとめることができる。

ほんのわずかでも迷信の名残をもっている人なら、実際、自分が圧倒的な力のたんなる化身、たんなる口、たんなるメディアにすぎないのだという考えを、ほとんど払いのけることができないだろう。啓示という概念は、突然、言うに言えないほど確かで微妙に、何かが見えるようになり、聞こえるようになるという意味だが、その何かは、人をもっとも深いところで揺さぶり、狼狽させる。その意味で、啓示は単に事実を述べているだけのことである。(8)

これらの新しいものの兆候、未来に属している、名前もなく聞いたこともないものの兆候は、いくぶん曖昧に聞こえる。しかしそれらは、いまだわれわれの時代の個人的・社会的な想像力を支配している、創造性というイデオロギーの誕生を印づけている。われわれは皆、死がわれわれを止めるまで、うんざりするような、単調で反復的な毎日の生活の儀式に携わる。われわれは皆社会制度が機能し続けるためのケアの仕事を行っている。一般的に哲学と文化は常に、この実践的な生活のルーティーンから逃れる道を見つける試みだった。伝統的には、観想的生活は活動的生活のオルタナティヴとしての役目を果たし、仕事をせず観想する決意がなされた。今やニーチェは、弱く、堕落した性質の者のみがこの決意をすると論じる。偉大な健康を授けられた強い者は、偉大な冒険を選ぶ。彼らは自分の健康本能を信じ、ケアをセルフケアで置き換える。今日のわれわれなら彼らは創造的になると言うだろう。つまり、彼らは新しい生の形式を発明し、伝統や慣習と決別し、新しい存在の可能性、新しい技術、新しい芸術、新しい思考方法を発見するのである。彼らは、

（7） Ibid., p.99.〔同書、一五一―一五二頁。〕
（8） Ibid., p.101-102.〔同書、一五四―一五五頁。〕

日常の実践的な生活に巻き込まれ、物事をそのままに保つことに全てのエネルギーを費やす普通の人々、つまりケアし、ケアされることにうんざりしている人々より多くの、もしくは劣らない生命力と健康を持っている。創造性は大いなる健康のしるしであるが、死を受け入れることでもある。創造性は他のものの中でも、死の危険も含めた危険を負っている。創造性は死の危険を引き受けること以外の何物でもないと言うことさえできる。未来をデザインする意思はまた、本人自身の死をデザインする意思を前提としている。マリネッティはこれを彼の未来派宣言の中で巧みに記述している。「われわれのあまりに重い勇気から自らを解き放とうという願望以外に、われわれを死にかりたてるものは何もなかったのだ！」(9)

爆発的なデュオニソスの力は個人の身体から危険な爆弾を作り出す。死は枯渇、生命力の欠如、弱さの最も過激な表明として理解されうる。しかしそれはまた、生命の氾濫、あまりに特有で限りある何かとしての身体を破壊する、匿名の力の過剰の表明としても理解することができる。身体は普遍的で無限の宇宙の生命力の流れの中へと消滅する。しかし枯渇による死と生命力の過剰による死をどのように区別すべきなのか？　基本的に、枯渇による死は自然の死であり、デユオニソスの死は暴力的な死である。エラン・ヴィタール

〔生命の躍動〕は、死を辛抱強く待つ代わりに、個人を死へと押し進める内的圧力を作り出す。犠牲の瞬間、死のリスクを取る瞬間に自分自身が真に生きていると感じるがゆえに、自分の生をどうでも良いことのために犠牲にする者もいる。ここでは生は内的経験として理解される。真に生きているという感覚は、どんな医学の知識や歴史的な批判によっても相対化されえない証拠に主体を直面させる。その強度は、デカルトが彼の懐疑を自分の存在の証しとして認識した証拠の強度に匹敵する。デカルトにとって、哲学および科学の教えはもちろん、あらゆる受け入れられた意見を否定する行為は、彼の存在を証明するのに十分であり、同時にこの存在の普遍的な側面を明らかにするのに十分であった。ニーチェとマリネッティにとってこの種の否定はすでにお馴染みのもの、ゲームの一部である。真の否定はまた自己否定――普遍的な生、無限の宇宙の生命力と流れを表明する個人の否定――にならなければならなかった。ここでふたたび、死を受け入れることが、死を超越す

(9) Filippo Tommaso Marinetti, "The Manifest of Futurism," in *Critical Writings*, ed. Günter Berghaus, trans. Doug Thompson (New York: Farrar, Straus and Giroux, 2006), pp. 11-17.〔フィリッポ・トンマーゾ・マリネッティ「未来派創立宣言」「未来派宣言」『未来派 1909-1944』、エンリコ・クリスポルティ、井関正昭監修、東京新聞、一九九二年、六一―六五頁。〕

る永遠の現実への参入を信じることのしるしとなる。この時にのみ、この現実は精神ではなく生である。精神は否定によって作動するが、否定の数は限られている。反対に、生は肯定と反復を通じて作動する。生はそれ自体を繰り返す。それは同じことの永遠の反復である。ここでは不死は持続的に存在することではなく、一連の反復、つまり不死の極めて現代的な形式として考えられる。

しかしながら、創造性というイデオロギーは相変わらず歴史主義的である。それは、歴史はいまだ進歩の歴史として理解されているということではない。そこへ向かって歴史が動く、事前に確立された共通のゴールは存在しない。生涯の最後にだれもがたどり着くであろう、真実に関する究極の観想は存在しない。未来は創造的な実験の効果、創造的な個人がそれを形作るために費やしてきた過剰な健康の投資の効果である。この意味では、現在と過去が実際に個人化されているのと同じように、未来も個人化されることになる。われわれは誰かによって建設された建物の中に住んでおり、誰かによって発明され作られた機械を用い、誰かによって創作された芸術作品を見る。それらの創造者たちは皆、名も無き生命力を使用したが、彼ら自身は名前を持っていた。そしてわれわれはこれらの名前を引き合いに出し、用いることなしに世界におけるわれわれ自身の立場を明確にすることはできない。創造性のイデオロギーは、神の意志もしくは絶対精神の歴史の運動を参照する可能性を排除する。ニーチェは歴史を、「偉大なる闘争」を戦った「偉大なる人間」の鎖としての、「記念碑的歴史」とみなした。それらの闘争は過去の闘争だったかもしれない。

生き残るものは唯一つ、彼らの最も固有な本質の落款、作品、事業、たぐい稀れな光明、創造である。これは生き残る、なぜなら如何なる後世もこれを欠きえぬからである。光明で満たされたこの最高の形式において名声は確かに、ショーペンハウアーの名づけたごとき、われらの自愛心の極めて高価な一片の肴より以上のものである。それはあらゆる時代の偉大なものの連関と連続であり、それは世代の変転と過去性とに対する抗議である。(10)

かつて時間の統一性と連続性を保証したのは神であった。今やそれは創造的な少数の人々

(10) Friedrich Nietzsche, *Untimely Meditations*, ed. Daniel Breazeale, trans. R.J. Hollingdale (Cambridge: Cambridge University Press, 1977), p. 69.〔フリードリッヒ・ニーチェ『反時代的考察』小倉志祥訳、ちくま学芸文庫、一九九三年、一三七頁。〕

の超歴史的な名声である。

ヘーゲルの『精神現象学』が歴史を否定と破壊の歴史として記述したにもかかわらず、『精神現象学』そのものは歴史が達成したことの安定性、つまりそれらの維持と巧みな管理に依拠している。いいかえれば、ヘーゲルの弁証法はそれを超越するケアの仕事に依存している。もちろんそれは生きた身体の医学的なケアではなく、象徴的な身体――つまり、偉大な否定者の生に関する死後の記録、文章、肖像、事物――のケアである。これらの象徴的身体の蒐集と保存は、墓地、図書館、博物館のような、公共のケアの制度なしには不可能である。ヘーゲルは歴史の言説を記述しながら、それらの制度によって生み出された区別、つまり歴史的に適切な象徴的身体と不適切な象徴的身体の間の、すでに確立された区別にほとんど無意識に依拠している。ニーチェも同様の方法で歴史を理解している。『ツァラトゥストラはかく語りき』が遠い将来に読まれ、研究されるだろうという彼の望みは、そのような公的なケアの制度に対する揺るぎなく、素朴だと認めざるを得ない信念を表している。

事実、ニーチェは生きている身体としては完全に退廃しており、弱々しく、しばしば病んでいた。だから彼は彼自身の生きている身体を、爆発的で健康的な身体として理解していたのみならず、むしろ彼の文章によって拡張された身体として理解していた。『この人を見よ』の中の自己についての記述の中に、彼の本の記述を含めたことは偶然ではない。ニーチェは、とりわけ爆発的でそして健康的な本を彼自身の身体に生産させるという目的を持って、自分の身体の健康に配慮していた。彼の本『ツァラトゥストラはかく語りき』に関して言えば、ニーチェは、生を与えるというソクラテスと同じイメージを用いている。なかば皮肉に、そしてあからさまに『テアイテトス』に言及しながら、ニーチェは『ツァラトゥストラはかく語りき』で一八か月間妊娠していたことを書いている。「ちょうど一八か月という数字から、すくなくとも仏教徒には、ニーチェは本当は牝象ではないか、と思われるかもしれない」[11]。しかしニーチェは人間の子供(ましてや仔象)を産んだのではなく、真実を生み出したのでもなく、むしろ「超人」の人物像を生み出した。この人物像は人類全体にとっての未来の代表者であり、少なくともそうなるはずである。「超人」は、イデアのためではなく、いわば彼は「超健康」で、したがって権力への意志の化身であるがゆえに、死の危険を犯す。健康とは、活動力、生命力、攻撃性を意味する。完璧で最終的

(11) Nietzsche, *Ecce Homo*, p. 97. 〔ニーチェ『この人を見よ』、一四八頁。〕

な「健康状態」は存在せず、むしろそれ自身を止めることができない永遠の生命力の流れが存在しているがゆえに、「真の健康」には到達しえない。それは、歴史には終わりがないことを意味する。生命力の流れは常に先へと流れ、こうして「超健康」、ツァラトストラに似た爆発的な人格を通して永遠に新しい否定／創造を生み出す。

しかしとうぜん、『ツァラトゥストラはかく語りき』は（まだ）現実の生きている身体ではなく、本の身体である。本の中身は健康で爆発的になりうるが、特定の物質的オブジェとしての本は、書かれ、編集され、出版され、図書館に保存され、大学で教えられ、依然としてケアされなければならない。「超人」の人物像は、制度によるケアの対象としてのみ、将来の人類にとってのモノグラムとなりうる。すると生命のエネルギーは、歴史的行為を生じさせ、歴史年代記の中に道を見出すことのできる作品を生み出す手段でしかないように思われる。もしくはいいかえれば、ここでは健康的な生命力の爆発は、一般的なケアのシステムの内部、他の象徴的身体の中で特別な場所を占めることのできる、新たな象徴的身体を生産するために用いられている。神の死と魂の不死の信念の喪失のあと、人工的で官僚的に管理された象徴的身体は、唯一われわれが創造可能な死後の形式となる。「超人」は偉大な健康の名の下に社会的ケアを拒否する。彼は危険に生きることを望み、自己保護の欲望を捨て去ろうとする。したがって、一見したところ「超人」は、大量の患者へと変えることによって人々を病人にする生政治国家に対する闘争として、セルフケアを実践しているように思われる。しかし現実には、「超人」はまだなお制度による象徴的身体のケアに頼っている。健康の過剰、つまり「超健康」は、本や芸術作品、並はずれた歴史的行動の記憶としての、死後の「超生存」の約束なのである。ニーチェの偉大な健康は承認と名声への欲望であるがゆえに、ヘーゲルの歴史の言説の中へと再度書き込まれうる。そしてまさにこのことを、一九三三年から三九年にパリで行われた一連の講義『ヘーゲルの精神現象学入門』の中でアレクサンドル・コジェーヴが遂行したのである。

4　ケアテイカーとしての賢人――コジェーヴ

ヘーゲルについての講義でコジェーヴは、異なった言語（フランス語）および異なった歴史的文脈において、ヘーゲルの思想の道筋が単純に繰り返されていることを主張した。事実、コジェーヴの哲学へのアプローチはヘーゲル主義であるよりもニーチェ主義である。コジェーヴは歴史、何よりも政治史に関心を持っている。しかし彼にとって歴史は、理性によってでも人類の自由の探究によってでもなく、公的な承認を求める個人の欲望によって動かされる。コジェーヴによれば、第一のものおよび第二のものに分けて欲望について語ることができる。

第一の欲望は、われわれにとっての世界におけるわれわれの存在の証しである。それは「欲望」という言葉のわれわれの標準的な理解とは真逆である。通常、欲望はこの世界のものへの執着をもたらすとして解釈される。プラトン以来、哲学と信仰が人間の魂を肉体的欲望から引き離そうとし、それ自体の観想へと導いたのはこのためである。しかし今日われわれは、第一に欲望を通してではなく、科学を通して世界に結びついている。近代の観想とは世界を観想することであり、イデアや神の観想ではない。したがって、われわれにとってそれは、自己意識への道を開く欲望の拒否ではなく、反対に、欲望の出現なのである。世界に対してわれわれを孤立させ、対立させるのは欲望である。「観想する人間は自己が観想する対象に「呑み込まれ」、「認識主観」は認識される対象の中に自己を「喪失」している。……自己が観想する対照に「呑み込まれ」ている人間は、ある欲望、例えば、食欲によらなければ、「自己に呼び戻される」ことができない。……（人間の）自我とは、或る欲望の……自我なのである[(1)]。欲望は人を観想から行為へと向かわせる。この行為は常に「否定」である。欲望の「自我」は「外的に」「与えられたもの」をなんでも消費し、否定し、破壊する空虚である。

しかし第一の欲望は自己感情のみを生み出し、まだ自己意識は生み出さない。自己意識は、特定の事物ではなく他者の欲望への欲望である「人間的欲望」、つまり特定の種類の欲望によって生み出される。「このようなわけで、例えば、男女間の関係においても、欲望は相互に相手の肉体ではなく、相手の欲望を望むのでないならば、〔……〕その欲望は人間的ではない」。ここでは、欲望は弁証法的になる。人間的欲望は動物的欲望の否定、つまり否定の否定である。歴史を主導し、動かすのはこの人間的欲望である。「人間の歴史は欲せられた欲望の歴史なのである。……人間的実在性は……つまり、承認されることの欲望の働きである」[2]。ここでコジェーヴは、『精神現象学』の中でヘーゲルによって記述された自己意識どうしの最初の戦いに言及している。二つの自己意識が互いに争い、それらのうちの一方が戦いに勝利する。すると、もう一方の自己意識は、（1）死ぬ、もしくは（2）勝者の欲望を満足させるために生き延びて働く、という二つの選択肢を得る。こうしてわれわれは、主人と奴隷という二つのタイプの人間が出現するのを見る。主人は他の主人のために働くよりも死ぬことを望み、奴隷は自分の運命として仕事を引き受ける。主人の欲

（1）Alexandre Kojève, *Introduction to the Reading of Hegel: Lectures on the Phenomenology of Spirit*, ed. Allan Bloom, trans. James H. Nichols Jr. (Ithaca, NY: Cornell University Press, 1980), pp. 3-4.〔アレクサンドル・コジェーヴ『ヘーゲル読解入門――「精神現象学」を読む』上妻精、今野雅方、国文社、一九八七年、一一――一二頁。〕

（2）Ibid., pp. 6-7.〔同書、一四――一五頁。〕

望のみが承認される。奴隷は主人の欲望を満たすために、本人自身の欲望を抑圧する。奴隷が行う仕事は、社会的承認を見出すことのできない疎外された仕事である。表面上は、歴史は主人の歴史である。彼らは承認と名声を獲得するためにお互いに闘う。主人が戦いに勝つと、彼は勝者としての自分の立場を自分の個人的な欲望を満たすために使う。同時に主人はいっそう、自らの仕事をとおして主人が生きる世界を変化させる奴隷に依存するようになる。それゆえ、結局主人は、他者の仕事、奴隷の仕事によってコントロールされた世界の囚人となる。

もちろんコジェーヴは、マルクスおよび彼による歴史の原動力としての階級闘争という解釈に大いに影響されていた。しかしコジェーヴによれば、生産過程との関係を通してではなく、直接的な暴力と政治的権力との関係を通して階級は自分自身を形成する。「主人」は自分達の欲望を認めさせるために戦おうとし、闘争で死ぬ。「奴隷」は平和に生きることを望み、したがって主人たちのために働くことを運命づけられている。この仕事はケアの仕事として理解される。奴隷は上流階級の欲望を満足させるため、上流階級のウェルビーイングをケアするために働く。

しかし哲学者に関してはどうだろうか？　承認への欲望に動かされているという理由で

哲学者は主人と同様であるが、同時に哲学者は、自分の個人的利害と欲望のための戦いを通じてではなく、社会の組織化と共通の善についての新しい考えを公衆に提供することを通して承認を得ようとする。哲学者は国家を統治でき、しなければならない。この点でコジェーヴはプラトンに同意している。しかしコジェーヴは、主人、王、独裁者が哲学の原則に従った統治を教わることができるとは信じない。むしろ、革命を通して哲学者が権力を引き受け、哲学者─独裁者とならなければならない。確かに、コジェーヴにとって哲学者は、単に哲学の本を書き、歴史の終わりを含めて歴史的出来事について考察する者ではなかった。反対に、哲学者は歴史を変化させるために闘争する活動家であり、歴史の終わりはまさに哲学者が権力をとる瞬間である。こうして哲学はヘーゲルの知恵の梟とともに出来事の後に来るのではなく、歴史的出来事に先立ちそれを生み出す。哲学者は観想に耽るのをやめ、創造的で暴力的にならなければならない。ここにはマルクスとニーチェ両方の影響を見出すことができる。しかしコジェーヴは、共通の善に奉仕したいという願望を、革命の行為の唯一の動機としては信用しない。欲せられることとの欲望、つまり承認されるという期待に動機づけられているため、哲学者は歴史的に振る舞うのである。

コジェーヴにとってはソクラテスもまた、ソフィストのように、なによりも承認の欲望に動機づけられている。[3] コジェーヴは人々が「理性的な言説」によって説得されうることを信じない。なぜならあらゆる言説は多かれ少なかれ理性的に聞こえるからである。聞き手や読者は、むしろ理性的ではなく狂気的で、前代未聞で、「創造的」に聞こえる哲学的発想に魅了される。彼らは哲学者の考えよりも哲学者に従う。コジェーヴは彼の著作のさまざまな箇所で、狂気の哲学者が承認され、それによって理性的な哲学者となる状況を作り出すのは追随者たちであると主張している。[4] 哲学者が本質的な点で追い求められるときにのみ、彼らの考えは合理的で十分真面目なものとして承認され始める。それは、合理的であることは特定の哲学の言説にとっては元来の特徴ではなく、承認の効果であり、一般的な成功の印であることを意味している。この点においてコジェーヴは現代についての最も優れた理論家である。現代では発想の重要性は、それらをシェアするか、少なくともそれらを「いいね」する人々の数によってはかられる。

追随者たちを真実の観想へと導くときではなく、革命の指導者となり、さらに革命後の国家の指導者となるときに、哲学者たちは究極の成功を達成する。哲学的なポスト革命国家は歴史を終わらせる。なぜならばそれは主と奴への人間の分断を超越するからである。哲学者は伝統的な主人ではないが、また奴隷でもない。伝統的な主人とは異なって、哲学者である支配者は働くが、彼は自分自身の考えや計画に従って社会を変えるために働くのである。いいかえれば、歴史の終わりは働く主人という人物の登場によってしるしづけられる。コジェーヴにとってそのような働く僭主はスターリンだった。ヘーゲルが信じたようなナポレオンではなく、スターリンが革命と戦争の歴史を終わらせたとコジェーヴが信じたのはこのためである。[5]コジェーヴにとってソヴィエト連邦は労働者の国家であるのみならず、労働する国家でもあった。実際、ここにおいて階級闘争の歴史が終わりを迎えるように思われた。

それゆえ、コジェーヴは半分ニーチェ主義者であり、半分ヘーゲル主義者である。その

(3) Alexandre Kojève, in Leo Strauss, *On Tyranny: Corrected and Expanded Edition, Including the Strauss-Kojève Correspondence*, ed. Victor Gourevitch and Michael S. Roth (Chicago: University of Chicago Press, 2013), p. 261.〔アレクサンドル・コジェーヴ「僭主政治と知恵」レオ・シュトラウス『僭主政治について（下）』石崎嘉彦、飯島昇藏、金田耕一訳、現代思潮新社、二〇〇七年、五四頁。〕

(4) Kojève, *On Tyranny and Wisdom*, in Strauss, *On Tyranny*, pp. 172ff.

(5) Alexandre Kojève, *The Notion of Authority: A Brief Presentation*, trans. Hager Waslati (London and New York: Verso, 2014). Originally published as *La notion de l'Autorité* (Paris: Gallimard, 2004).〔アレクサンドル・コジェーヴ『権威の概念』今村真介訳、法政大学出版局、二〇一〇年。〕

一方で、彼は歴史を権力への意志、承認と名声を求める戦いの歴史として解釈する。この点においてコジェーヴはニーチェに極めて近い。一方、コジェーヴは哲学者に有名で高名になるだけでなく、真の主人つまり労働者でもある支配者となることを求める。哲学者は働く支配者として、社会が共有するような発想を社会に提供しなければならない。そして哲学者はその発想の実現に参加しようとするだろう。そしてもちろん、これはとても非ニーチェ的な支配者についての観念である。ニーチェは共有されうるような考えを信じてはいなかった。彼は称賛者たちに関心はあったが、追随者たちには関心がなかった。それに対して、コジェーヴにとって追随するという問題は中心的なものだった。彼の本の中の権威者に関する記述において、コジェーヴは、伝統的な抑圧のシステムや民主的な代議制のメカニズムではなく、人気に基づいた個人的な権力の理論を発展させている[6]。現代の視点からは、この理論は今日われわれが「ポピュリズム」と呼ぶものについての理論である。しかしコジェーヴは、ポピュリズムは、戦争と革命の時代に属する、歴史的な過去のものであると信じていた。代わりに未来はポスト政治的な行政に属している。そして行政は闘争せず、ケアに従事する。

歴史の終わりの後、承認を求める闘争はその歴史的正当性を失う。コジェーヴはポスト歴史的な国家を「普遍的で同質な」国家として定義する。この国家では皆は同じ程度だけ承認され、したがって承認の欲望は完全に満足させられる。哲学者にとってこれは、「文人共和国」によって単に有名な著者としてのみ承認されうることを意味している。そのような承認はお世辞のようなものであり、社会および政治生活の現実の状態を変化させることはない。真の哲学者たちは政治権力に勝利した後では、承認をもとめて戦うことをやめ、賢人となる。賢人は、歴史的な野心を失い真の人間性を備えたポスト歴史的な人々のケアテイカーである。賢人は、この人間があらゆる暴力と苦痛を伴った歴史の中へと逃げ戻るのを阻止することで、それを保護する。基本的に、この人々は消費にのみ、つまり自分の動物的な欲望を満たすことにのみ興味があり、それゆえ批判と反省の能力を失っている。有名な『ヘーゲル読解入門』への注解の最初の版で、(7) コジェーヴは、人間を自然に対置させている承認を求める欲望が満たされるために、歴史の終わりの後には、人間は自然と対置されることがなくなると述べている。ここでコジェーヴは、歴史的な「必然性の王国」

(6) Kojève, "Introduction," in *Notion of Authority*, pp. 158-62.〔コジェーヴ『ヘーゲル読解入門』、二四四—二四五頁。〕

(7) Ibid., p. 159.〔同書、二四四—二四五頁。〕

を予言したマルクスに言及している。必然性の王国は人類を自然に対置し、ある階級を別の階級に対置する。それは、自然との調和の中で「芸術、愛、遊びなど」を享受する可能性が人類に対して開かれる、「自由の王国」に将来取って代わる。(8)

しかしコジェーヴはのちに、中でも牧歌的なこのビジョンは、ポスト歴史的な人間がその歴史的記憶を失い、自分自身のポスト歴史性についての知識すら失うことを示唆していることに気づいた。『ヘーゲル読解入門』の第二版のために書かれた注釈の補遺において、コジェーヴは自分のかつての誤りを受け入れ、歴史的な人間の消滅によって、芸術、恋愛、遊びの伝統的な意味もまた廃れることを認めている。「そうすると、歴史の終末の後、人間は彼らの記念碑や橋やトンネルを建設するとしても、それは鳥が巣を作り蜘蛛が蜘蛛の巣を張るようなものであり、蛙や蟬のようにコンサートを開き、子供の動物が遊ぶように遊び、大人の獣がするように性欲を発散するようなものであろう(9)」。しかし最も重要なことは、人間という動物は、唯一の知恵の手段である言語を失うだろうということである。「ホモ・サピエンスという種である動物は音声上の或いは手振りでの記号に条件反射的に反応し、彼らが「言説」と自称するものはかくして蜂のいわゆる「言語活動」と似たようなものになるであろう。そうすると、消滅するもの、これは単に哲学或いは言説による知恵の探求だけではなく、この知恵自体でもあることになろう。なぜならば、ポスト歴史の動物には、もはや「世界や自己の（言説による）認識」はなくなるであろうからである」[10]。歴史後の人間は、主人もしくはいいかえれば、彼らの仕事が消費を許す限りにおいてのみ働く消費者としての人間だといえる。

賢人のみが消費に興味を持たない。彼は働き続け、彼は無のために働く。賢人は欲望を超えて働く完璧な機械だといえる。なぜならば、賢人の欲望は既に満たされているからである。コジェーヴにとって賢人が働くという事実は、彼の仕事の目的よりも重要である。仕事は奴隷の運命にある状態に代わって、権力の象徴となる。そしてより重要なのは、それは創造的な仕事ではないということである。賢人は創造的な天才ではなく、普遍的なケアテイカーである。そして、すでに述べられたように、ケアテイカーの仕事は単調で反復的であり、この意味では永遠の仕事である。機械が不死であるように賢人は不死である。確かに、どの機械も極めて長い間、うまく維持され、修繕されることが可能である。機械

（8）Ibid.〔同書、二四五頁。〕
（9）Ibid.〔同書、二四五頁。〕
（10）Ibid., p. 160.〔同書、二四五頁。〕

が壊れたり修繕できないほど使い古されたとき、同じ機能を果たす全く同じ機械に取って代わられることがある。無限に代替可能であるがゆえに、機械は不死である。賢人もまた無限に代替可能である。なぜならば、どの賢人も同じ知恵、つまり同じ歴史の記憶を体現しているからだ。賢人は永遠に働く言説とケアの機械である。もし賢人がニーチェの夢を実現するならば、それは大いなる健康の夢ではなく、同じことの永劫回帰の夢である。賢人の出現はケアとセルフケアの対立を超越する兆しである。賢人は未来つまり死後の名声には興味を持たない。賢人は匿名のケアの仕事に満足を見出す。ケアの仕事が未来において継続されることを保証するのはまさにこの匿名性である。したがって賢人は無限の展望をもつものとして自分の人生を経験する。

ヘーゲルの展望からコジェーヴの展望へという重要な転換が存在する。それは第一にマルクスの影響によって引き起こされた転換である。精神と肉体の対立は、機械としての人間と動物としての人間との対立となる。したがって、健康の意味はアンビヴァレントになる。機械としての人間は、働いているとき、機能しているときに健康だとみなされる。ケアのシステムは、働き続けることを可能にするために人々を良い健康状態にしておくという目標を持っている。個人が病気になり、もしくは死ぬとき、働くことをやめ、同じ仕事を遂行することが可能な同じような個人に取って代わられる。この意味で、労働者としての人間は潜在的に不死である。

しかし動物としての人間の場合には状況は異なってくる。動物は欲望を持っている。家畜化された、働く動物でさえ欲望を持っている。動物が欲望をおぼえると、働くのをやめ、その欲望を満足させようとする。これは欲望を持つことは不健康であることを意味している。仕事に関しては、欲望を持つことは病気になるのと同じことを意味し、死ぬこととすら同じことを意味する。それゆえ、技術によって突き動かされた文明の枠組みの中では、動物的欲望は抑圧され、少なくとも極端に減少せられている。しかし動物にとっては欲望を持ち、それらを実現することは健康的であり、それらを抑圧することは不健康である。欲望の抑圧は個人を救い、より長く生きることを助けると主張することもできる。しかし動物としての人間にとっては、長生きすることと生き延びることは最高の価値ではない。いずれにせよ人間は死にゆくことを個人は知っている。そして人間は、動物としては人間は代替不可能であることを知っている。もちろん全ての動物は誕生と死の鎖に巻き込まれている。ここでは種が個を支配する。だが人類の場合には、一連の欲望はしばしば個人的なものであり、反復不可能である。したがって、セルフケアは再びケアのシステムと矛盾して始める。なぜならばケアのシステムは、労働者としての人間をケアするが、動物として の人間はケアしないからである。健康は欲望の強さとして、つまりケアのシステムから逃れ、死ぬまで自分の欲望を満足させるために戦う、欲望する人類の能力として理解され始める。未来において承認されるというニーチェの欲望は、名も無き同じことの繰り返しという欲望によって乗り越えることができる。しかし人間の中の生命力の爆発は、異なった、非歴史的な秩序に属しており、歴史化されることは不可能である。もし賢人が労働者になっても、人間の中の動物は主人であり続ける。

5　至高の動物——バタイユ

第二次世界大戦後に書かれた哲学の文章の中で、バタイユはニーチェの抗議を繰り返している。しかしこのときは、ヘーゲルの歴史の道理ではなく、労働の支配に対する抗議であった。欲望は観想の過程を中断させるのと同じく、労働の工程を中断する。同じコジェーヴの例を使えば、食物やその他の肉体的、動物的欲望は自己に対する気遣いを生み出す。そしてそれは労働者の注意を労働の工程から自分自身の身体へと向ける。機械が同じように機能することを思い浮かべてみよう。結局機械は、ある神秘的なエネルギーの流れではなく、石油や電力の補給によって充電される。もしこの補給が遮断されたなら、機械は石油もしくは電力への欲望をおぼえ、労働者が食べ物を求めるように、自分の補給を新たにしようとすることを想像してみよう。この場合、たしかに機械は動物のようにふるまっている。欲望はそれらが自分自身の生存とウェル・ビーイングに配慮《ケア》する原因となるだろう。しかしわれわれが知っているように、これは機械に生じていることではない。機械は自分の生存を心配しない。しかし動物と人間は心配する。

バタイユにとっては、労働を続けることができるようにするために自分のエネルギーを更新する欲望では不十分である。彼は完全にわれわれを機能不全にする欲望に興味を持っている。コジェーヴのかつての学生であるバタイユは、主人と奴隷のそもそもの対比という観点から思考している。コジェーヴは、もし承認を得るための戦いに敗れ、勝者のために働くことよりも死ぬことを望むのならば、主人であり続けるだろうと論じた。栄誉ある死は勝利と同じように人間を主人にする。バタイユにとって、承認のための戦いにおける勝利は、旧体制《アンシャン・レジーム》の崩壊と社会の民主化の後では不可能となった。しかし栄誉ある自己破壊という選択肢は残っている。労働を拒否することは、弱さ、病気、強さと規律の欠如の印とみなされうる。この場合労働者は、労働者の仕事の能力を回復させ、彼らを福祉制度のケアのもとに置こうとする社会をコントロールするシステムの中に留まっている。しかし人は労働の工程によっては吸収され得ない、生命力とエネルギーの過剰を持っているがゆえに、労働を拒否することができる。このエネルギーの過剰は、決まりきった労働とケアのシステムに対する反抗へと人間を向かわせる。

ニーチェは、もし身体が大いなる健康を授けられているならば、このエネルギーの過剰はその人自身の身体の中から現れるはずであると信じていた。しかしバタイユによれば、このエネルギーの過剰は外側から、つまり地球の表面を循環する宇宙のエネルギーから現れる。(1) ここでは宇宙のエネルギーは地球での生活の究極のケアテイカー、つまりこの生を可能にするエネルギーを費やす者として理解されている。しかし、宇宙はあまりにも巨大なケアテイカーである。あまりにも多くのエネルギーを地球へと送るので、このエネルギーの全てが労働を通して吸収され、消費されるわけではない。エネルギーの過剰──「呪われた部分」とバタイユが呼ぶもの──は、労働の工程のみを通してではなく、むしろ破壊と自己破壊を通して消費されうるし、消費されなければならない。こうして大いなる健康は、非人間的な生命力が追加流入することによってもたらされる一種の悪しき影響となる。大いなる健康と退廃の間のニーチェの区別は消滅する。両方とも過剰な消費と非

(1) Georges Bataille, *The Accursed Share*, vol. 1 (New York: Zone Books, 1991), pp. 21-22.〔ジョルジュ・バタイユ『呪われた部分　全般経済学試論　蕩尽』酒井健訳、ちくま学芸文庫、二〇一八年、二八頁。〕

生産的なエネルギーの浪費を含む、過剰のあらわれとなる。バタイユは「全般経済学」――労働、生産、蓄積のみならず、消費、奢侈、浪費も考慮に入れた経済理論――の言説を発展させる。しかしながら、もちろんバタイユは、労働と蓄積によって生み出された価値のみならず、喪失と破壊によっても生み出された価値を経済に含めることにより、経済の領域を拡大しようとした最初の著者ではない。

バタイユの全般経済学は、エッセイ『贈与論』でマルセル・モースが発展させた(2)、彼の象徴交換の理論にかなりの程度依拠している。一見したところ、モースのエッセイはいわゆる未開文化における贈与交換の記述と分析に焦点を当てているが、その実際の目的は、象徴交換の論理が近代においても働き続けていることを示すことである。たとえばわれわれの社会においては、われわれは贈り物を受け取ったときに返礼する義務を感じる。そうできないとき、われわれは与える人がわれわれよりも高い社会的地位にいることを受け入れる。与える人にとって贈り物は喪失であるが、受け取る人に対する攻撃の形式でもある。返礼は反撃である。それはまた信仰上の犠牲や慈善にも当てはまる。与える人がより気前が良いことは、より高い地位にあることを示す。したがって贈与は攻撃の形式、権力への意志の表明なのである。贈り物の価値は、受け取る人にとってのこの贈り物の有用性とは無関係であるとみなすことが重要である。与える行為はそれ自体の象徴的価値を持っており、それは強制的な方法で社会によって承認される。

この見解を決定的に確実なものにするのがポトラッチの習慣である。ポトラッチは特に北アメリカのインディアンの共同体で行われたものだが、また世界中でも見られる。ポトラッチは自分自身の富を破壊する競争である。競争する部族は彼らの家や畑を焼き、家畜や奴隷を殺す。最も富を破壊した部族が、新たなポトラッチまでのしばらくの間、最高位を獲得する。[3] モースは、近代社会をも含めた全ての社会が従う、贈り物の象徴交換の法を記述している。しかしモースは、この慣習が普遍的な妥当性を持ち、経済全体を支配することを信じているものの（貨幣経済もしくは市場は経済の一部でしかない）、「法」という言葉によって理解するのは特定の社会慣習である。対照的にバタイユは、人類が逃れることのできない擬似自然的な法として象徴経済の法を解釈する。

　確かに、太陽から送られるエネルギーの総量は、返礼されなければいけない人類への贈

（2） Marcel Mauss, *The Gift: Forms and Functions of Exchange in Archaic Societies*, trans. Ian Gunnison (London: Cohen & West, 1966), p. 14.〔マルセル・モース『贈与論』森山工訳、岩波文庫、二〇一四年。〕
（3） Ibid., p. 95.〔同書、第二章第三節。〕

り物と考えることができる。しかし人類は返礼することができない。太陽に対して与えることのできる返礼を作り出すことができない。イカロスはそれを試みようとして失敗した。だからポトラッチが唯一の答えである。人間は、太陽から獲得した過剰なエネルギーのバランスを取るために（自己）破壊を実践する。すでに述べたように、人間はいずれにせよ破滅する。自発的にかつ栄誉をもって自分自身の富を破壊しなくとも、それは経済危機、戦争、革命を通して災害のように破壊される。いいかえれば、太陽は人間が歴史を終わらせるのを許可しない。平和な仕事によって使い尽くされるよりも多くのエネルギーを送ることで、太陽は暴力および歴史を前へと動かし続ける対抗暴力を呼び起こすのである。この運動には目的がないが原因はある。この原因は太陽の贈り物にあるのみならず、至高の存在であることを望み、社会によってそのようなものとして認められることを望む個人の野心にもある。そのような個人は人生を栄誉ある方法で過ごすことを好み、受動的な犠牲者になる代わりに、太陽のポトラッチの主体となることを好む。

　バタイユはブルジョワ社会を混乱の社会とみなす。一方でこの社会は、より大きな富とより高い社会的地位を獲得することに携わる努力と労働を尊重する。しかし、ブルジョワ社会は文化的にはいまだに、封建制、君主制の過去の影のうちに生存している。ブルジョワの主体は半分動物であり、半分機械である。バタイユの至高性の概念もまた矛盾している。一方ではコジェーヴに従って新しい至高性、つまり労働の至高性を確立することを共産主義に期待している。彼は次のように書いている。今日では至高性は「共産主義の視野においてしか生き生きしていないように見える[4]」。そこでは「至高性の至高な放棄[5]」という形態をとる。ここでは、スターリンは再びこの新しい種類の至高性にとっての規範となっている。なぜならば、彼は共産主義の理念に奉仕する名目で、快楽、余暇、個人的な欲望を満足させることを自分自身に許さないからである[6]。共産主義の至高性は、機械になること、人間の性質の動物としての部分を拒絶することを決意した人間の至高性である。

しかしバタイユは共産主義の至高性を「否定的な至高性」と呼ぶ。彼は明らかに真逆のもの、つまり至高性を獲得する肯定的な選択肢、つまり労働を拒絶することを好む。人間が労働を拒絶するとき、彼は機械であることをやめ、動物、獣になる。至高性は動物性に

(4) Bataille, *Accursed Share*. vol. 2/3, p. 261.〔ジョルジュ・バタイユ『至高性　呪われた部分』湯浅博雄訳、一九九〇年、人文書院、一一一頁。〕
(5) Ibid., p. 322.〔同書、二〇〇頁。〕
(6) Ibid., p. 321f.〔同書、二〇〇頁。〕

等しい。「至高な人間は動物と同じような様態で生き、そして死ぬ。が、むろんのこと、それでもやはり人間なのである」(7)。それは古い封建制の至高性であるが、完全に非キリスト教化されている。実際のブルジョワ以前のキリスト教の世界では王でさえ神の奴隷であった。しかしバタイユは、頭のない人間、匿名の「名前のない」生命の超能力を表わす、(一九三六年から三九年にバタイユが編集した有名な雑誌のタイトルに使用された)アセファルとして封建君主をイメージしている。バタイユがそれに名前を与えなかったのは適切である。それは、その上で第二次および第三次十字軍が出発した場所の印である壮麗なカテドラルを眺めることができる、丘の麓のヴェズレーの墓地で発見されることとなる。

バタイユはしばしば死について語るが、極めて即物的な用語で語る。彼にとって死は無ではなく、死体を腐敗させることである。この腐敗は、セクシュアリティ、排便、排尿、嘔吐やその他の身体の機能と併せて、われわれの文明によって、特定の種類の労働を行うために使われる単なる道具として形成され、統制される「正常な身体」とは別のものを示している(8)。この意味において、死はわれわれが単に労働する道具ではないことの重要な証しなのである。至高性への欲望は受動的な死を能動的な殺人へと変える。至高の存在は殺人者である。バタイユは人が受動的に待つ自然死について書いている。

さらにはこのような受動的な否定を超えたかたちで能動的な反抗が生じることも困難なわけではなく、むしろそういう反抗が起こることは結局のところ避けがたいと思われる。有用性の世界が一個の事物の状態へと、つまり死に疎遠な事物、したがってまた殺害にも疎遠な事物の状態へと還元しようと努めてきた人間は、そのように自らが受け入れた禁止をついに侵犯するよう求めるに至る。その瞬間に、彼は殺害によって、彼が拒む服従を逃れるのであり、道具という、あるいは事物という様相、かりに彼が引き受けたとしてもそれはほんの一時のあいだのみであった様相から、暴力的な激しさとともに離脱するのである。こういう代価を払って初めて至高な実存が彼に戻されるのだ。必要への服従、条件付きの、一時的な服従を、それのみがついに正当化するような至高な瞬間《モメント》が戻されるのだ。〔……〕至高な世界、あるいは聖なる世界、つまり実行の世界に対立する世界がまさに死の領域であるということは、けっして衰弱の領域であるということでは

（7）Ibid., p. 219.〔同書、四三―四四頁。〕
（8）*The Bataille Reader*, ed. Fred Botting and Scott Wilson (Oxford: Blackwell, 1997), p. 149.〔「D・A・F・ド・サドの使用価値」出口裕弘訳『バタイユの世界』清水徹、出口裕弘編訳、青土社、一九九一年、四三六頁。〕

ない。至高な人間の観点からすれば、衰弱とか死に関する恐怖に充ちた表象などは、実行の世界、すなわち従属の世界に由来するのだ。実際、従属とは常に必要＝必然というものに服しており、死をまぬがれるという必要、人がいつもそうだと称している必要の根底には、つねに従属がある。(9)

ここでバタイユが近現代の文化の主要な側面を明らかにしているのは間違いない。この文化の主要なヒーローは犯罪者と殺人者である。犯罪物語は集団的想像力をとらえることのできる現代の唯一の言説である。小説であれ映画であれ、実際に商業的に成功するのは必ず犯罪物語である。法《ロー》の支配の元では、至高の存在（旧体制における王）はアウトローとなる。社会にとって死は絶対的な主人であるが、（普通の）生活ではなく社会における死を象徴するがゆえに、アウトローは真の至高の存在であり聖なるものでさえある。しかし、死を象徴するということは実際的な目的のために死を用いるという意味ではない。至高の存在と聖なるものは、バタイユによって有用性の対極として定義されている。したがって、特定の目的を果たすのではなく、違法となるためだけに殺さなければならない。特定の目的を果たすために殺すことは、世俗の有用性の世界の中に殺人者を位置付けることである。

もちろんそのような、至高の存在となり、聖なるものにさえなるために殺す殺人者は稀である〔ほとんどはドストエフスキーの小説の中に見出される〕。大半の犯罪小説では、殺人者は金を手に入れることや復讐といった実際的な目的を持っている。しかし、彼らの至高性はたいてい作者によって救われる。なぜならば殺人者はほとんどの場合目的を達し損ね、そのことによって凡庸になる危険から救われるからである。だが、有用性と至高性の間の対立、もしくは機械と動物の間の対立によって、われわれの健康に関して何が言えるのか？　この対立の構成要素の両方がわれわれを不健康にしているように思われる。労働は疲れさせ、意気消沈させる。殺人は完全に健康なものとしては記述され得ない。腐敗する死体、排泄、嘔吐に偶然出くわすと、さらなる汚染を引き起こしうる。しかしここで汚染は、健康に対して対極にあるときには機能しなくなる。実際、偉大な健康が汚染として、刺激の過剰として、そして同時に破壊的なエネルギーとして理解され始めたとたん、汚染は創造性の源泉として認識されるようになる。創造的になるためには汚染されていなければならない。創造性崇拝のある現代社会では、セルフケアは容易にドラッグの使用を含む

（9）Ibid., p. 318.〔バタイユ『至高性　呪われた部分』、四七―四八頁。〕

自己汚染の形態をとる。ドラッグの使用は、たとえば、バタイユが強く魅了されたアステカ族の聖なる儀式の不可欠な一部であったことを忘れるべきではない。

このように今われわれが語っている汚染は、生物学的というよりも文化的な汚染である。ケアの社会は、古代の習慣、儀式、慣習の記憶を保っている。これらの儀式と習慣は必ずしも合理化された近現代の生活様式に適合する必要はない。それは、バタイユが語っている混乱の状態を生み出し、過去の復活と再活性化の可能性を開く。すでに述べたように、過剰と冒険的な自己破壊への意志は、人間の中の動物の反乱によってのみならず、近代の社会生活の構造の中で生き残った前近代的な行動パターンを模倣することによっても説明されうる。これらのパターンはまた歴史年代記と人類学の調査を通しても知られるようになった。それは、自分自身の健康をリスクに晒すことは、必ずしも支配的な文化に対する生命力と力の攻撃としては説明されえないことを示している。むしろ、攻撃的な自己肯定と制度としてのケアの間の矛盾は、この文化自体の根本的な特徴である。誰もがこの矛盾の中に囚われ、どちらの側か選ばなければならない。もしくはそれらの間の中間の道を見つけることを試みなければならない。

6　汚染する聖なるもの――カイヨワ

書籍『人間と聖なるもの』の中でロジェ・カイヨワは聖なるものと汚穢を同じものとして扱っている。彼はその本をローマで書いたのだが、*sacer* という言葉は「汚損したり汚染されたりせずに、触れることのできない人間もしくは事実」(1)を意味していた。伝統的な社会秩序は、通常の現実的な生活に関わる世俗の空間と、魔術的で奇跡的な力が支配する聖なる空間を区別する。世俗のものと聖なるものとの接触が規制されなければ、それら両方を不純にすることになりかねない。聖なるものは同時に魅力的で危険である。そして聖

(1)　Roger Caillois, *Man and the Sacred*, trans. Meyer Barash (Champaign: University of Illinois Press, 1959), p. 36.〔ロジェ・カイヨワ『人間と聖なるもの』小苅米晛訳、せりか書房、一九七一年、四五頁。〕

なるものは善と悪の間のどんな道徳的な区別とも無関係である。

《魅了するもの》fascinanshaは、聖なるものの心を蕩かすような形相や、デュオニュソス的な眩暈、恍惚状態やめくるめく一体感に対応するものであり……同じように聖なるもののもう一方の極限では、恐ろしい危険な側面を分与された悪魔的なものが、今度はそれぞれ無思慮な譲歩と利己心との相反する感情を生じさせる。(2)

それゆえ、伝統的な文化において世俗の主体は、聖なるものとの接触を通した汚染を避けるために、儀礼としての入浴や断食を含めて、できる限りのあらゆる警戒をしなければならない。

同様の伝統的文化は、主人と奴隷との間と同じように、両性間の関係を厳しく規定する。カイヨワは、伝統的な文化においては、力の関係は通常自明なものとして受け入れられるという事実を強調している。「権力はそれが世俗的軍事的もしくは宗教的なものではあっても一つの同意の帰結にすぎない(3)」。もちろんこれらの関係は変わるが、それは、より良い洞察、批判的分析、合理的な社会改革の結果ではなく、むしろゆっくりとだが避けられない、古い秩序を崩壊させるエネルギーの喪失の結果である。[4] この崩壊によって保護のメカニズムが弱まり、社会への聖なるエネルギーの大量流入がもたらされる。聖なるエネルギーの流入は社会を混沌へと陥れる、全面的な汚染と熱狂の形式をとる。仕事が止まり、エクスタシーが始まる。混沌が支配する。社会はゼロ地点、原初の始まりの地点へと戻る。結果として、社会は「創造的な活力」と「青春の泉」を通して再び活気づけられる。「創造的な時代の再活性化」が始まる。[5] 受け継がれた創造の儀式が繰り返され、それのみが成功へと導くことができる。演者たちは英雄的な行いと身振りを模倣する。彼らは先祖と自分を同一化する仮面を身につける。[6] ここでは世俗の仕事は知恵、死の恐怖、臆病と観想に支配される受動的な存在容態をあらわすものとして理解される。一方、聖なるものは大胆不敵で創造的である。「こうした知恵と大胆さの、休息の嗜好と冒険の精神との対立は、個

(2) Ibid., pp. 37-8.〔同書、四八―四九頁。〕
(3) Ibid., p. 90.〔同書、一二〇頁。〕
(4) Ibid., p. 96.〔同書、一三四頁。〕
(5) Ibid., p. 107.〔同書、一五二頁。ただし該当部分は訳者が英語のテキストより翻訳。〕
(6) Ibid., p. 108.〔同書、一五三頁。〕

人が聖なるものを理解する方法にもっとも著しく投射されている集団生活の側面として現れる(7)」。

ニーチェの大胆さと冒険の賞賛に言及しているこの一文は、モースと同じく、カイヨワが彼自身の文化に比べて伝統的な文化には関心が薄いこと、とりわけ一方の規則的な仕事か、他方の祝祭、暴力および戦争かの選択には関心が薄いことを示している。カイヨワにとって、啓蒙および近代社会に対する科学的思考の支配は、聖なるものを追放せず、むしろ根深い不満を通した社会に対する汚染を聖なるものに行わせる。「もはや安定は特にすぐれた利益と見られていない。中庸や一致、智慧などは至上の徳性として設定された使用に充てられず、平穏や安楽、名望、そして名誉は望ましい利得とみられないのである(8)」。近代の個人は耐性を失っており、もはや自然の死を待つことへと還元された生を生きることはできない。こうして、聖なる炎か世俗の腐敗かを選択する状況に置かれた者は、炎を選ぶ。これは個人のみならず、集団的な選択でも同じである。近代において聖なる者は、自分の人生が退屈で不幸である個人によって内面化されるだけではなく、近代的戦争という現象を生み出しもする。古代の聖なる祝祭のように、戦争は社会全体を抱え込む破壊の猛威の表明である。しかし、伝統的な祝祭が破壊と再生の間の均衡を保っていたとすれば、近代の戦争は人類全体を壊滅させうる破壊の力の解放することができる。カイヨワは本の最後で、そのような生活が来るべき全面戦争によって終わる可能性を論じている。それを避ける唯一の方法は、聖なるものを通して死の汚染から世俗の領域を守った、儀式とルールの古いシステムへと回帰することであるように思われる。バタイユとカイヨワの文章は多くの点で似ている。しかし、バタイユが腐敗する死体として現れる究極の「他者」との遭遇を求めるのに対して、カイヨワは、全面的な汚染とあらゆる生きているものの死を避けるために、そのような遭遇に対してある防衛手段を取るようわれわれに助言している。

（7） Ibid., p. 130.〔同書、一八五頁。〕
（8） Ibid., p. 135.〔同書、一九三頁。〕

7　ケアテイカーとしての人民——ドゥボール

かつてあらゆる著者がさまざまな方法で、世界、宇宙、存在の全体性への直接的で媒介されない経路の探求について議論した。確かに、もし世界全体を支配する権力と力への直接的で媒介されない経路を手にするならば、ケアの制度への依存をなくし、セルフケアを実践することができる。結局、それらの制度は世界や宇宙の小さな部分の代理にしかならない。そうすることで、それらの制度に対するメタの立場をとり、それによって評価される代わりにその活動を評価することができる。いいかえれば、無知の立場から知を評価することができる。

このケアの制度の枠組みを超えることは魅力的である。なぜならば、それは仕事から解放され、したがって真に健康になる約束を提供するからである。実際ケアの制度の内部で生きることはまた、それらのために働くことを意味する。そしてそれらのために働くことは自分の職業を実践するだけではなく、キャリアを築き、制度のヒエラルキー内部でより多くのアクセスと権力を手にするために多くの労力を費やすことを意味する。それは疲弊する種類の仕事である。この意味においては、メタの立場を探求することはより良い健康を探求することと密接に結びついている。しかし、われわれの健康にとって良いと証明されているこの存在論的な探求には、どの程度さまざまな戦略があるのだろうか？　いくらか逆説的な方法ではあるが、われわれの健康にとって最も好ましいのは理性に関するプラトンの存在論だと言える。たしかに、ロゴスについて熟考することは緊急ではなく、常に次の瞬間には閉じる危険のある好機の窓にかかわって、時間の圧力やストレスやヒステリーを生むことはない。そしてわれわれの心臓、新陳代謝、血管組織にとっていちばん悪いのは、まさにこの急かされる感覚である。

もちろん、プラトン主義、次いでキリスト教および仏教は、身体とそれが必要とするものと欲望に対して軽蔑的であり、重視しないことを批判された。しかしキリスト教と仏教の僧侶は比較的良い健康状態だったという印象を受ける。真理の観想が創造的な仕事のための行動に取って代わったとき、状況は一変した。永遠ではなく未来が特権的な制度に対するメタの場となった。個人はあらゆる制度のルールを壊し、伝統的な慣習を排除し、そしてそうすることによって根本的に新しい何かを創造するとされる。この新しいものが何になるのかは定義によっては明確ではなかったし、明確になり得なかったが、以前のものとは違っていなければならなかった。ヘーゲルは進歩の仕事を否定の仕事として理解した。ヘーゲルの弁証法の論理の枠組みでは、新しいものは古いものの否定の思わぬ結果として現れるのであり、それ自体目的として現れるのではない。こうして、新しいものの生産は否定の否定、つまり歴史の終わりをもって終わる。

　これが、ニーチェが権力への意志を進歩の永久の動力として提示した理由である。権力への意志は否定ではなく、むしろ差異、人間存在の新たな可能性を生み出す。ニーチェによれば権力への意志は冒険であり、未知の開かれた海へと航海することである。こうして、権力への意志はこの意志が開拓しようとする未知の未来の視点から既知の歴史を判断することができるようになる。ドゥルーズがニーチェについての彼の本の中で正しくも述べている。「肯定から新たな価値が生まれてくる。今日まで認識されていなかった、すなわち立法者が「科学者」にとって代わり、創造が認識そのものにとって代り、肯定が認識されてきたいっさいの否定にとって代るそのときまで認識されていなかった、諸々の価値が[1]」。

しかし権力への意志をとおした行動の結果として、われわれの身体には何が生じるのか？　もちろん、新しい創造的な人間もしくはより良い人間、超人は、彼の健康が無傷である間は、あらゆる困難をとおして進むことを可能にする「偉大な健康」をもっているとされる。しかし平均的な人間は、若い間というわずかな期間しかこの種類の健康を持たない。欲望の称揚、権力への意志、そして生命力は若さの賞賛となる。しかし若さは短く、未来は創造的な冒険ではなく高齢の病である。生気論を肯定する言説は、歴史を世代交代の永劫回帰へと変える。ある世代を触発した創造的なプロジェクトは次の世代によって放棄され、忘れられる。結果として、それら全てのプロジェクトは実現されないままとなる。もちろん、異なった世代は異なった生を生きる。しかし彼らは、その世代の身体を内側から動かす、差異を肯定する意志があるために異なってくるのではない。事実、どの新たな世代も、単に支配的な技術の条件に自分のライフスタイルを適応させているだけである。変化は個人の中で生じるのではなく、技術の進歩によって彼らに押し付けられるのである。

仕事は新しい技術を生み出し、そしてわれわれが住む世界を変化させる。世界は主人たちの政治闘争よりも、奴隷の仕事によってより多く変化させられる。歴史の終わりにおいては、主人たちは奴隷、つまり産業の世界によって主人のために建設された世界に完全に囚われるようになる。これが、ニーチェの権力への意志が奴隷根性と道徳の支配に抗して、主人による反乱を企てる理由である。権力への意志は現在から将来へと移る。かつての主人は現在を支配することは不可能であるが、未来を支配する創造的な人間となる。彼らは、何千年も生き延びるようにデザインされた象徴的身体を創造するが、それはエジプトのピラミットとは異なっている。これが、創造的な人と、生きるために働き働くために生きる普通の労働者たちとの主な違いである。反対に創造的な人々は、この人生よりも死後の生に興味を持っている。これが「大いなる健康」という概念の実際の起源である。創造的な人々は普通の労働者と比べて過剰な努力をするため、余分な太陽のエネルギー、古代の魔術、恍惚の力を動員して未来へと投影するために、大いなる健康を必要とする。しかし、超人でさえ未来をコントロールすることはできない。その代わりに未来は、国家機構と巨大企業によって、それらの長期的な投資と計画をもってコントロールされる。自分の健康に対して深刻な痛手を引き起こすことなく個人がそれらの怪物たちと競うことは不可能で

（1） Gilles Deleuze, *Nietzsche and Philosophy*, trans. Hugh Tomlinson (New York: Athlone Press/Continuum, 1983), p. 173.〔ジル・ドゥルーズ『ニーチェと哲学』足立和浩訳、国文社、一九八二年、二五〇頁。〕

ある。したがって健康に関しては、未来は永遠性をうまく代替するようには見えない。

この点に関してバタイユとカイヨワの言説をより詳しく見ることは興味深い。デュオニソスの力、祝宴の酔い、生命力の高まりを呼び起こし賛美する点で、一方では彼らは完全にニーチェのようである。他方では、両著者とも明らかに未来志向ではなく、その代わりに懐古的である。彼らは未来の冒険を説くよりも、むしろ歴史的な変化を生き延びて近代文化の内部に存在し続けている古代文化の形式の痕跡と名残りを賞賛する。祝祭は創造的なエネルギーの原初の爆発を再活性化させ、単に模倣するものとしてカイヨワによって記述されたことは特徴的である。祝祭の主導者は死んだ先祖の仮面を付け、それらの役を演じるだけである。これらの儀式の毎回の反復は、反復の反復、模倣の模倣、再活性化の再活性化である。それにもかかわらず、あるいはむしろまさにそれだからこそ、これらの儀式は参加者を活気づけるように思われる。確かに、もしある生の形式が過去から現在への移行を生き延びたならば、それはまた現在から未来への移行をも生き延びられるように思われる。ここでは真の健康の探求は、生命力を信じることから現在における過去の生存――つまり将来における現在の生存の保証――に対する関心へと移っている。いいかえれば、そのような生存を可能にする近代的なケアの制度に対する関心へと移っているのである。

カイヨワは後期のゲームの理論の中でこの関心を展開している。ゲームとは神話時代の過去を生き延び、今ではリクリエーションとして機能している古代の聖なる儀式である。カイヨワは、ゲームの大半は競技の側面を含むと述べている。「競技は近代的生活の法規である[2]」。しかしゲームを通して競技はスペクタクルとなる。「私は前に、次のことを強調しておいた。すなわち、あらゆる競技はそれ自体見世物であると。競技は見世物と同様、大円団をめざし、見世物と同一の規則にしたがって展開するものだ。スタジアムや競輪場の切符売りの窓口につめかける大衆の存在、それを競技が必要とすること、あたかも映画館や劇場の窓口につめかける大衆を見世物〔映画演劇〕が必要とするのと同様である[3]」。競争社会は同時にスペクタクルの社会でもある。

ギー・ドゥボールの有名な本が登場して以来、スペクタクルはしばしば受動的な鑑賞者

(2) Roger Caillois, *Man, Play and Games*, trans. Meyer Barash (Urbana and Chicago: University of Illinois Press, 2001 [1961]).〔ロジェ・カイヨワ『遊びと人間　増補改訂版』多田道太郎、塚崎幹夫訳、講談社、一九七一年。〕

(3) Ibid., p. 74.〔同書、一三五頁。〕

の群れを生み出すとして批判されてきた。この批判によって見過ごされているものとは、「現実の生活における」永遠の競技で消耗し搾取されている人にとっては、鑑賞者の位置というのは、休息でき健康的であるということである。競技のスペクタクルは競技との関係においてメタの立場をとることを可能にする。それはソフィストたちの競技を眺めていたソクラテスの立場と同じである。実際、ドゥボールは、スペクタクルについて熟考することとスペクタクルに対して批判的な立場を設定することという彼の二重の戦略に関して、極めてソクラテス的である。しかし、スペクタクルに対して批判的な立場を設定するやいなや、当人は鑑賞者からステージへと移され、何人かの中の一人の競技者の立場に置かれた「見せ物《スペクタキュラー》」となる。ソクラテスは「ソフィスト」となり、ドゥボールは「アーティスト」となる。ドゥボールが、競技のルールにしたがって評価されることを避けるために鑑賞者の立場を放棄するのではなく、むしろ「スペクタクル性」に対して戦ったのはこのためである。彼は受動的な鑑賞者を批判したにもかかわらず、ステージの上の立場よりも鑑賞者の中の立場を選んだ。「大いなる健康」というスペクタクルは創造の瞬間の模倣である。しかしまさにそれゆえに、オリジナルの創造行為それ自体が単なる演劇的な効果でしかないことが「大いなる健康」によって明らかになる。

同じことは、完全にわれわれを運命次第にさせる、ルーレットやくじのような機会のゲームに関しても言える。実際カイヨワは、ほぼどの競技の形式も参加者には不公平なものとして経験されると主張する。われわれの社会では実力主義の競争のルールは、家族の財産や社会的地位、教育へのアクセスのような、生まれに関わる特権を埋め合わせようとする。しかしこれらのルールは決して十分なものとしては経験されない。カイヨワは書いている。「こうした状況においては、アレア〔賽子を意味する偶然に依存した遊び〕はふたたびアゴン〔競争の形をとる遊び〕にとって必要な償い、ごく自然な補足物のように思える。……運を頼りにすれば、あまりにむきつけの競争、ごまかしの競争の不公正にも何とか耐えられるようになる。同時に、それは勝運に恵まれない人びとにも、敗者同志の、当然はるかに数の多い争いでは正しい競合が行なわれるだろうという希望をのこしてくれる(4)」。ここでは、少なくともプレイヤーがゲームに夢中にならなければ、運命に立ち向かうことは悲劇とはならない。だが運命に対する古風な信念は失われていても、カタルシスの出来事はあいかわらず再上演され、プレイヤーと鑑賞者によって経験されている。

(4) Ibid., p. 115.〔同書、一九八頁。〕

聖なるものと世俗のものの間の境界はスペクタクルと公衆の間の境界となる。スポーツイベントから演劇のパフォーマンスに至るまで、さまざまな種類のスペクタクルを上演するための制度は、世俗の労働の社会において聖なるものが完全に失われるのを防ぐ、近代的なケアの制度である。今や伝統的な祝祭は、世界の全人口ではないにせよ、少なくともその地域の一つの全人口を巻き込んでいる。初期のキリスト教の行事と同じように、伝統的な祝祭が競争の性質を持たなかったのはこのためである。そして、それらの祝祭と行事に参加するのには、過剰で、超人的な、創造の努力は要求されなかった。しかし、世俗の〔宗教が力を持たない〕時代には、祝祭とカーニヴァルはスペクタクルおよび旅行者のためのアトラクションとなる。キリスト教信者の群衆もまたショーとなる。かつては神と神々が、人間の出来事の鑑賞者および審判者の立場をとっていた。今日鑑賞者の役割は世俗化された。公衆が神に取って代わり、スペクタクルの大きな「他者」となる。そして演者たちの身体を動かすのは、まさに他者の眼差しもしくは公衆の眼差しなのである。神は魂の中を見ることができた。公衆は、身体、それらの動き、それらの行為のみを見て判断することができる。だが公衆は常に正しいとされている。もちろん公衆を構成する諸個人は自分自身の職業、普通の生活、日常の問題を抱えている。しかし純粋な観照の立場を取るときには、彼らは公衆となり、その眼差しは神のものになる。公衆の声（vox popli）は神の声（vox dei）となる。

生命力の爆発ではなく、他者、神、公衆の眼差しが演者たちにさらなる努力と仕事を行うよう強いる。われわれは注目、成功、名声、金銭のために競争する。哲学者たちもまた、神格化された公衆に支持されるために競争する。この競争は制度の内部で生じる。哲学者たちにとってはアカデミアの内部であり、また芸術やスポーツの制度の内部で生じる。これらの制度それ自体が真理、趣味もしくは科学的正しさの保護者として現れる。しかしそれらは資金調達に依存し、そして資金調達はさまざまなアイデア、美術展、スポーツイベントに対する公衆の支持と関心に依存している。コジェーヴが正しく述べたように、これらすべての領域において、成功は非専門的で知識のない公衆の承認次第である。社会学者とＰＲに携わる人々は、公衆の好みの論理と力学を説明しようと試みる。問題は、それらすべての説明もまた競争関係にあり、真理として認められるためには公衆に受け入れられなければならないことである。こうして、公衆の神の眼差しは、神の眼差しがそうであったように、超越的なものにとどまる。それと同時に、哲学、芸術もしくは科学のスペクタクルを公衆が愛好すると想定することはできない。むしろ公衆は中世の吟遊詩人の「つれなき美女」に似ている。彼女は敗者を気にかけないが、勝者もまたたいして気にかけない。なぜならば、彼女はこの次は勝者が負けることを知っているからである。

ニーチェおよびポストニーチェ的な生命力と創造性の賞賛とは、エネルギーと時間の不合理な浪費として芸術、詩、音楽を軽視する、標準的なブルジョワの「合理的」な振る舞いに対する反動である。人間は合理的な経済と政治の行為主体《エージェント》としてのみ認められるのではなく、「不合理な」欲望、生命力、権力への意志によって駆り立てられた身体としても認められる。これらの力は普遍的で、それらは人間個人を太陽とブラック・ホールを含めた「宇宙」全体へと統合する。芸術や詩のようなあらゆる種類の非合理的な活動は、それらの生命の力の表明である。それは真理や善についての人間の知識やそれらの理念については何も知らない。生命力や権力への意志は「善と悪を超越している」。芸術や詩に関する合理的で倫理的な批判は的を外している。この批判は常に特殊個別的である。なぜならば、特定の文化において合理的で倫理的とされているものの特殊な文化的慣習によって決定されているからである。それに対し、宇宙それ自体が永遠で普遍的であるのと同じように、創造性の力は永遠で普遍的である。合理的で倫理的な慣習を破壊する芸術の自由を正当化するように見えたために、創造性のイデオロギーは芸術家の仲間内で喜んで受け入れられたのである。しかしこのイデオロギーはまたブルジョワ社会全体にも受け入れられた。なぜならば、それはすぐさま消費のイデオロギーへと形を変えたからである。たしかに、合理的な視点からは消費は非生産的なエネルギーの浪費である。しかしそれは人間の身体の欲求、衝動、欲望の充足としてたやすく正当化されうる。そして資本主義経済は生産と同様消費を必要とする。もし生産品が消費されないならば、それらを生産する経済上の理由がなくなるからである。

だがもし創造性のイデオロギーが芸術と文化を正当化するものであるならば、それは同程度にそれらを破壊することを正当化するものでもある。このイデオロギーにとっては特定の芸術作品が重要なのではなく、重要なのはそれを生み出す創造性なのだ。もしある芸術家が死に、創造性の力が他の芸術活動に具現化されていることがわかれば、その芸術家もまた重要でなくなる。事実、需要、衝動、欲望は動物と植物においても働き、そしておそらく非有機的な事柄（たとえば、引力）においてもまた働くので、人間全体が重要ではなくなる。演劇作品であれスポーツイベントであれ、文化のスペクタクルは常に同じ権力への意志——競争に勝とうとする努力——についてのスペクタクルを提供する。誰が勝者であり敗者であるかは実際には重要ではない。明日には敗者と勝者は変わるが、スペクタクルは変わらないだろう。その効果はプラトンの洞窟の場合と同じである。洞窟を去る者は誰でも同じ光を見るのである。

では、哲学者は洞窟に戻る代わりにその入り口に佇んでいると考えてみよう。哲学者はこのようにして、その影を洞窟の壁の上に見せるさまざまな物を運びながら、一つの端から別の端へと移動する人々を眺めることが可能になる。こうして哲学者は永遠の光の観照の立場から、美術批評家の立場へと移行する。今や哲学者はどの物がより面白く、刺激的で、どれがそうではないのか、誰がそれらの物を面白い方法で運び、設置しており、誰がそうしないのかを分析することができる。もしこの移動のスペクタクルが永遠であると推定するならば、たとえ芸術それ自体が常に変化しているとしても、美術批評家の立場もまた永遠となる。理性と道徳の世界はプラトンにとっては永遠であった。しかし創造性のスペクタクルもまた永遠であり、同じものの永劫回帰である。美術批評家はこのスペクタクルの鑑賞者として公衆に加わる。公衆は壁を眺める必要なしに洞窟の中で起こるあらゆることを見ることができる。彼らはまた、哲学者がより光の近くへと引っ張り出されて洞窟へと戻る光景全体を見ることもできる。このスペクタクルはアカデミアによって提供され、このスペクタクルの鑑賞者は明らかにいつもの場所に留まっている同じ人々である。

しかし、スペクタクルはその公衆が生き残るときに限り生き残る。結局、「大いなる健康」を持っているのは人民《ピープル》だけであり、孤立した個人ではない。哲学者にとってこの大いなる健康に参加する唯一の方法は公衆に加わることである。そしてそれはまさにヘーゲルとニーチェが実際に行ったことである。『精神現象学』においてヘーゲルは彼の読者がすでによく知っている一連の歴史の例を用いた。ニーチェは彼の本は未来において成功するであろうと信じていた。なぜならば彼の本は、キリスト教の価値観から個人の勝利という理想へという、一般公衆の進化の中にたやすく刻み込まれうるからである。文化および政治のスペクタクルを促すのは公衆による承認欲求であるとして、コジェーヴはそれを正しいものにした。究極のケアテイカーは公衆である。近代のスペクタクルは民主的な公衆を前にして生じる。したがって、中心的な疑問は次のようになる。誰がデモス〔市民、国民〕なのか？　あるいは、誰が人民なのか？

8　誰が人民なのか？――ワーグナー

スペクタクルと人民――もしくは民衆《フォルク》――の関係についての問題は、論文「未来の芸術作品」においてリヒャルト・ワーグナーによって提起された。彼はドイツでの一八四八年革命への抑圧後、亡命先のチューリヒでそれを書いた。ワーグナーはブルジョワ公衆によるスペクタクルとその演者たちへの支配、つまり芸術家たちの間で競争を引き起こす、評価する目利きの眼差しを拒絶する。その代わりにワーグナーは普通の人々、つまり民衆に語りかけることを望む。こうして彼は、「民衆とは誰なのか？――私たちはまず、このきわめて重要な問いの答えにおいて、ぜひとも意見の一致をみなければならない」と問いかける。そして彼はこの質問に対し次のような方法で答える。「民衆とは、共通の苦境＝必要 Not というものを感じている、すべて人々の総体である」。そしてさらに答える。「それゆえ必然性とは真の欲求の充足に他ならない。そして民衆だけがこの必然性にしたがって行動し、抗いがたい圧倒的な力をもってひたすら誠実に行動するのである」[1]。したがって、真の集団的な要求を感じることなく、あらゆるエゴイズムと気まぐれに導かれているものは民衆には属さず、事実、その絶対的な敵である。気まぐれは流行の支配の元にあり、贅沢への人為的な必要性を生み出すのだが、不幸なことに、それは芸術をも巻きこむ。

流行の本質は、その神がエゴイスティクで性差を欠き産出能力をもたないごとく、絶対的な単調さである。それだから流行の所産は、恣意的な変更、不必要な交替、その本質とは反対のもの、つまり絶対的な単調さとは反対のものを求める、せかせか落ち着きのない努力なのである。流行の力は習慣の力である。しかし習慣は、あらゆる弱者や臆病者、真に必要なものは何かを感じていない者たちの、克服しがたい暴君なのである。習慣はエゴイズムのコミュニズムであり、共通の必要を感じていない私欲を強靭に結びつけている絆である。習慣が生に対して人為的に与えている刺激こそ、まさに流行がもつ刺激に他ならない[2]。

今やワーグナーは、流行に支配された彼の時代の芸術に、彼自身の普遍的な芸術作品（総合芸術）のプロジェクトを対抗させている。それは、民衆全体を統合するものであり、習慣としての誤ったコミュニズムの代わりに、新たに開かれる真のコミュニズムである。

ここではワーグナーは真に革命的なものとして論じている。彼は彼の時代のブルジョワ公衆を民衆の一部としては受け入れない。その代わりに、彼は貧しい者、抑圧された者のみを真の民衆つまり彼の演劇の真の公衆として明示している。もちろん、彼は彼の時代の支配的な経済および文化状況のもとでは、貧しい者は自分の公衆にはなれないことを知っていた。少なくとも来るべき革命までは、ワーグナーの観客は想像上の観客にとどまっている。しかし、このように想像上の未来の来るべき観客に向かうことによって、ワーグナーは現実のブルジョワの観客と、卓越と流行という競争の基準を無視することができた。ワーグナーは未来の芸術は集団的な共同芸術になるだろうと信じていた。そして彼は、芸

（1） Richard Wagner, *The Artwork of the Future*, *in Richard Wagner's Prose Works*, vol. 1, trans. William Ashton Ellis (London: Kegan Paul, 1985), p. 75.〔リヒャルト・ワーグナー「未来の芸術作品」藤野一夫訳『友人たちへの伝言』三光長治監訳、法政大学出版局、二〇一二年、六九―七〇頁。〕

（2） Ibid., p. 84.〔同書、八一頁。〕

術家は来るべき共同体のメンバーにもなるだろうと信じていた。芸術家は観客のためにのみ演じるのではなく、この観客を舞台の上で上演する。個人は多数の中の一人となるだろう。そして専門化され、職業化された競争における勝者ではなくなるだろう。

実際ワーグナーは、死を通してのみ個人は気まぐれと流行の拒否を示すことができると論じている。

一人の人間は、自分個人のエゴイズムの最終的で完全な放棄＝外化 Entäußerung を、また自分が共通普遍な場へ完全に没入したことの陳述を、自身の死をもってのみ表明する。しかも偶然的ではなく必然的な、その存在の充実に発する行動によって規定された自身の死をもってのみ表明するのである。

こうした死の祝祭は、人間が挙行しうる最も荘重な祭典である。この祝祭は、あの死を通して認識された一人の人間の本質にしたがって、人間的本質の充実した内容一般を解き明かしてくれる(3)。

普遍的なスペクタクルの芸術作品は自由な芸術家の協会によって生み出されるべきである。

特定のスペクタクルを制作するには、この協会は詩人そして同時に主役を演じる演者の意志に従わなければならない。スペクタクルが終わり、その主人公が死ぬまで、この演者は一時的な法制定者、そして独裁者としてさえ機能する。そして協会は次の主人公の死を演じる新しい演者を選び、さらにその次の演者を選ぶ。ここでは死は生きている者のためのスペクタクルとなる。こうしてスペクタクルは繰り返し公衆の観客としての不死を確認する。主人公はやってきては去ってゆくが、観客はとどまる。スペクタクルは一時的なものであるが、その観客の寿命は未決定であり、潜在的には永遠である。ワーグナーは観客をあらゆるスペクタクルの決定的な要因として扱った。芸術家、作者、演者といった創造者ではなく、公衆がスペクタクルの、そして一般的には芸術の実際の担い手である。芸術は常に観客、聴衆、読者のために作られ、彼らの反応を期待する。どの文化的活動でも実際の原動力は作者の健康とエネルギーではなく、観客の想定される健康である。真の危機はこの想定が疑わしくなる時に始まる。

ワーグナーは論文の最初で人間は国家へと分割されたものであると述べる。当然、ワー

(3) Ibid., p. 199.〔同書、二一〇頁。〕

グナーは彼の普遍的な芸術作品を、人間全体を統合する方法であると宣言した。しかし、エゴイストが共産主義者へと変貌することもまた、国家の共同体へと上昇することとして理解されうる。ワーグナーは実存的な必要性を経験している民衆を、真の必要性を感じず、どの特定の民族共同体にも所属しないコスモポリタンのブルジョワ公衆の対局に置いた。はじめにワーグナーはギリシアの文化を普遍的な文化のモデルとみなした。一八四八年の革命の時には古代ギリシアの芸術はまだ普遍的な理想だと考えられていた。マルクスもまたこのギリシアの古代に対する美学的な評価を共有していた。しかしワーグナーはのちによりいっそう古いゲルマン神話に興味を持つようになった。共同体はもはや貧しい者のコミュニティではなく、民族の共同体として理解された。

ニーチェの「ワーグナーの場合」の解釈によれば、それがまさにワーグナー主義の退廃の理由である。ニーチェは、ワーグナーは元々革命的であったことを読者に思い出させることから始める。

ヴァーグナーはその半生にわたって、革命に対してフランス人しか抱かなかったような信頼を寄せていた。彼は神話のルーネ文書のなかに革命を探し求め、ジークフリートに典型的な革命家を見出したと信じた。――「世界の一切の禍いはどこから生ずるか？」とヴァーグナーは自問した。そうして全ての革命イデオローグと同様に、「古い契約」から、と答えた。ドイツ流に言えば、風習・法・道徳・制度など、旧世界、旧社会の基礎をなしている一切のものからである。「禍いを世界から追い払うにはどうしたらいいか？」「旧社会を片づけるにはどうしたらいいか？」「契約」（因習・道徳）に宣戦布告することによってしかできない。これをジークフリートが実行するのである。[4]

しかしニーチェには、ワーグナーのバイロイト祝祭劇場の観客は健康的、革命的で楽観的には見えなかった。反対にこの観客は、当時のヨーロッパの退廃したブルジョワの典型的な代表者たちの集合だった。「ドイツの青年たち、不死身のジークフリートその他のヴァーグネリアーナーには、崇高なもの・深いもの・圧倒的なものが必要なのだ[5]」。結果

（4） *Complete Works of Friedrich Nietzsche*, ed. Oscar Levy, trans. Anthony M. Ludovici, vol. 8, *The Case of Wagner* (New York: Macmillan, 1911), pp. 9–10.〔浅井真男訳「ヴァーグナーの場合」『ニーチェ全集　第二期』第三巻、白水社、一九八三年、二二三頁。〕

（5） Ibid., p. 15.〔同書、二二八頁。〕

として、ワーグナーは退廃し、病み、誤ったスペクタクル、つまり彼の公衆が彼に期待したものを生み出し始めた。退廃した観客は創造者や作者を汚染し、退廃的な芸術を制作させる。ワーグナーが彼の民衆を選んだ方法が致命的となった。ワーグナーのケースは、偉大な創造者でさえケアの社会を超越することはできないことを示している。もしこの創造者が、ワーグナーが行なったように神聖な神話の時代の祝祭を模倣するとしても、ケアの制度——その一つが近代の劇場である——の枠内にとどまり、生政治国家によって飼い慣らされた「退廃した」公衆に直面することになる。しかし文化制度を破壊する代わりに支援し、喜んでワーグナーのオペラの上演に参加しニーチェの本をも読む者として現れるのは、まさにこの公衆なのだ。結局、ワーグナーの場合はまたニーチェの場合でもある。

9　現存在であることとしてのケア――ハイデガー

ハイデガーの『存在と時間』において哲学の歴史の中ではじめてケアへの言及が中心を占めた。自己肯定として理解されるセルフケアと、近代の公的ケアの制度との矛盾が、ハイデガーの哲学的言説の中心であると論じることすらできる。ハイデガーは師であるエトムント・フッサールに倣い、人間を他の動物の中の動物、他の物の中の物として理解する「自然的態度」を拒否する。人間は本来、動物もしくは植物のような他の有機体と同じく、生命の必要と衝動によって突き動かされる生きた有機体ではない。ハイデガーは人間を、世界内存在である現存在として定義する。ここでは世界に存在していることは、現存在を、「客体《オブジェクト》」としての世界と対置される「主体《サブジェクト》」と考えることは不可能であることを意味している。世界は現存在と相互に関係し合い、両者を互いに分けることはできない。現存在は、自身の存在は死の危険にあり、その世界は消えうることを知っている。したがって現存在は死への不安を持っている。現存在の存在とは、未来へと方向づけられた投企であり、われわれは永遠に未来に向けて何かを計画する。このように計画することは、われわれはこれからも存在し、われわれの存在を気にかけ《ケア》なければならないことを前提としている。われわれの世界との関係はケア（Sorge）という特徴、実際にはセルフケアという特徴がある。セルフケアは現存在の基本的な存在様態である[1]。

ドイツ語ではSorge（ケア）という単語は、少なくとも二つの、異なってはいるが互いに関連する意味を持っている。“Sich über etwas Sorgen machen”は何かについて心配するという意味である。世界は消滅する可能性があるので現存在は世界の存在を心配する。“Fuer etwas Sorge tragen”は何かを気にかけるという意味である。私が私の存在を心配するとき、私はまたそれを気にかけてもいるのである。これが、現存在のあり方がケアとして定義される理由である。現存在はそれ自身を気にかけるがゆえにそこにあり、それ自身を心配している状態でそこにある。ここで、ケアは人間存在の中心となる存在論的様態となる。この文脈においてハイデガーは古代ギリシアの寓話を引用している。

かつて「憂い〔ケア〕」（cura）が川を渡って行くと、
そこに陶土の土地を見た。
「憂い」は想いにふけりつつ
その一塊を手にとって形どりはじめた。
作りおえてそれに思いめぐらしていると、
そこへユピテルがやって来た。
「憂い」は彼にそれに精神を授けて
くれるように願い、彼は快く授けた。
「憂い」がそれにわが名を付けようとすると、
ユピテルは禁じて、君の名をこそ
それに与えらるべきだと言った。
「憂い」とユピテルが争っていると、

（1） Martin Heidegger, *Being and Time*, trans. John Macquarrie and Edward Robinson（Oxford: Blackwell, 1962）, pp. 225ff.〔マルティン・ハイデガー『存在と時間（上）』細谷貞雄訳、一九九四年、ちくま学芸文庫、四〇六頁以下。〕

地もまた身を起こして、彼こそそれに
わが身の一片を施したのだから、
彼の名こそそのものの名であると言った。
彼らはサトゥルヌスを判官に立て、
判官はいみじくも裁いて述べた。
「ユピテルよ、汝は精神を与えたのだから、
このものの死するときに精神を取れ、
また、地よ、汝は身体を与えたのだから、
そのときは身体を取れ、さて憂いよ、
汝がはじめてそれを形どったのだから、
その者が生きてある間は、汝が手もとに
それを取りおくがよい。しかしながら、
その名について汝らに争いがあるならば、
それは明らかに地から作られたものゆえ、
人と呼ぶがよかろう」と。(2)

ハイデガーによる後のテキストではケアへの言及はほぼ完全に消える。この消失は、これらのテキストを理解するのに、そしてハイデガーの知の軌跡全般を理解するのに重要である。ハイデガーによってケアは現存在が世界を気にかけることとして理解される。「現存在はいつも己の可能性を存在しているのであって、それをただ客体的な属性として「持っている」というわけではない。そして、現存在が本質上いつもおのれの可能性を存在しているがゆえに、この存在者はその存在において自己自身を「選びとり」、獲得し、あるいは自己を失い、また、ただ「みかけだけ」自己を得ているだけで、いちども本当に得なかった、というようなこともありうるのである」[3]。自分の選んだ存在様態を忘れたとき、つまり世界内存在としてではなく世界の中の物として自分自身を理解し始めたときに、現存在は自分自身を失う。セルフケアは、他者や他のものによってコントロールされた世界の中の物になることに抗い、世界内存在である現存在の特殊な存在様態のために戦うことを前提としている。

(2) Ibid., p. 242.〔同書、四一五―四一七頁。〕
(3) Ibid., p. 68.〔同書、一一〇頁。〕

それは、現存在が至高の存在であり、世界を支配していることを意味しない。現存在は単に存在している。世界はそもそも現存在に、その特殊な存在様態に属している。現存在は世界の中にあるのであり、世界のコントロールの内にあるのではない。現存在がその世界を技術的な手段でコントロールしようと試み、対象にまで還元された世界を支配する主体となろうとするまさにそのとき、危険が現れ、増大する。技術についてのエッセイの中でこの危険を描くのにハイデガーが使っている例を見てみよう。

水力発電所がライン河に据えられている〔gestellt sein〕。それはライン河を水圧目当てに調達する。河の水圧はタービンを回転運動目当てに調達し、その回転運動は機械を駆動する。この機械の歯車は電流を作り出し〔herstellen〕、そして作り出された電流のために広域変電所と電力供給のための送電線網とが用立てられる。……しかし、ここに存している途方もないもの〔das Ungeheuere〕をほんのわずかでも計り知るために、少しのあいだ、次のようなふたつの表題で言表される対立に注目しよう。すなわち、発電所〔Kraftwerk〕のための用材とされた「ライン河」と、同じ名前を冠したヘルダーリンの讃歌という芸術作品〔Kunstwerk〕のなかで言われた「ライン河」と。(4)

確かに、ヘルダーリンの讃歌はドイツ世界の一部としてのライン河を讃えているのに対し、発電所はライン河を道具、もしくはむしろ資源として使用している。そしてハイデガーは付け加える。「だが、ライン河はいまも変わらず景観としての河であるのではないか、とひとは反論するだろう。そうかもしれないが、しかしどのようにしてそうなのか？　その場合、ライン河は、レジャー産業がそこへと連れてきた〔bestellt haben（用立てた）〕団体旅行のグループによる観光のための、用立て可能な物件〔bestellbares objekt〕にほかならないのである」[5]。いまや次のように問うことができる。安定した電力供給の何が悪いのか？　このことに関して、団体旅行の何が悪いのか？　ここで現存在は自分自身を失い、技術的処理のための生の素材としても扱われる危険に直面するようになった、というのが答えである。そのような可能性を示すためにハイデガーが選んだ例が、まさに医療システムである。「人的資源〔Menschenmaterial〕、診療所の患者〔Krankenmaterial（病んだ人材、

（4） Martin Heidegger, "The Question Concerning Technology," in *Basic Writings*, ed. David Farrell Krell (New York: Harper/Collins, 1973), p. 321.〔マルティン・ハイデッガー『技術への問い』関口浩訳、平凡社ライブラリー、二〇一三年、二七―二八頁。〕
（5） Ibid., p. 323.〔同書、二八―二九頁。〕

臨床例)」といった広く流布している言い方はこれの証拠である」[6]。人間の身体に対する医療ケアは彼らの世界、彼らの正当な存在様態を殺し、そして彼らを医療産業のための生の素材へと変える。人間には通常この危険は見えない。

山番は森で伐採された木を測定する者だが、外見上、彼は祖父と同じやり方で同じ森の道を見回っている。しかし、そのことを自覚しようとしまいと、今日、彼は木材を利用する産業によって用立てられている。彼は木材繊維の用立て可能性の一部として用立てられ、そして木材繊維のほうは紙の需要によって挑発され、紙は新聞やグラビア誌に送り届け〔zustellen〕られる。しかし、新聞やグラビア誌は、印刷物をむさぼり読むように世論を仕向ける〔stellen〕。それはそれらの印刷物が、用立てられた世論操作にとって用立て可能となるためなのだ[7]。

言いかえれば、現存在はもはやセルフケアの様態の中には存在せず、したがってその当初の存在論的立場を失ってしまったのである。近代の現存在は技術に囚われ、コントロールされている。しかしハイデガーは希望を失ってはいない。「人間は、つねにその目と耳を開き、その心を打ち明け、思慮と願望、陶冶と仕事、懇願と感謝とを惜しまないなら、自分がいたるところですでに不伏蔵的なもののうちにもたらされているということに気づく[8]」。しかしながら問題は、この不伏蔵的なものが、われわれがその中にいる、存在していることを忘却するまさにその過程へとわれわれを解放することである。

ハイデガーによれば、存在の不伏蔵性は芸術を通じて生じる。しかし、彼のエッセイ「芸術作品の根源（一九三五—六）」の冒頭でハイデガーは、芸術作品はわれわれの文明によって、単なる物として扱われていることを述べている。

われわれがさまざまの作品をその毀損されない現実性に注目して吟味し、そのさいわれわれ自身をごまかさないならば、作品は、ほかの事物と同様に、自然に眼前的〔vorhanden〕に存在する、ということが明らかになる。絵画は猟銃や帽子と同様に壁に掛かっている。……作品はルール地方産出の石炭やシュヴァルツヴァルトからの木材と同様に積み出さ

（6）Ibid.〔同書、三二一頁。〕
（7）Ibid.〔同書、三二一頁。〕
（8）Ibid., p. 324.〔同書、三二三頁。〕

れる。ヘルダーリンの讃歌集は、作戦行動中、掃除用具と同様に背嚢のなかに一緒に詰め込まれている。ベートーヴェンの弦楽四重奏は、地下貯蔵室のじゃがいもと同様に出版社の倉庫に置かれている。

あらゆる作品は物的なもの〔das Dinghafte〕をもっている。(9)

ヘルダーリンの讃歌はこうして実際にライン河そのものと運命を共有する。そしてハイデガーはさらに書いている。「しかし、われわれは、ひょっとすると、作品についてのかなり粗雑で外面的な見方に腹を立てるかもしれない。貨物配達業者や美術館の掃除婦は、芸術作品についてそのような考えを抱いて行動しているかもしれない。だが、われわれは、作品を体験し享受する人々にその当の作品が出会うのと同様の仕方で作品を受け止めなければならない(10)」。しかしなぜハイデガーは貨物配達業者と掃除婦の見方を拒否するのか？　ここで再び、世界を持つことと、世界の内で物として存在することとの間の対立が決定的な役割を果たす。

ハイデガーによれば、芸術作品は真理の作品であり、真理とは芸術家が住む世界の不伏蔵性である。ハイデガーはゴッホによる一足の靴をあらわした絵画を例としてあげる。ハイデガーは、この汚い、擦り切れた靴が、大地の上で懸命に働いて人生を過ごした農婦の世界を明らかにすると書いている[11]。実際には、ゴッホが自分の靴をこの絵画の中で描いたのだが、ここではそれは問題ではない。ハイデガーにとってこの靴は、ゴッホとハイデガーの両者ともまた参与していた、農民の生活の世界への眼差しを開いたのだ。ゴッホは彼の絵画のモチーフを探して野原を歩いた。ハイデガーは農村に住んでいた。

しかし芸術作品は世界の開示であるだけでなく、アートビジネスの対象でもある。ハイデガーにとってそれは、芸術作品が「世界」と「大地」との争いの場であることを意味する。芸術家によって開かれた世界は、作品の物質性、もの性によって——作品が制作された大地へのこの作品の返還によって——閉じられる。ここでは『存在と時間』におけるギリシアの寓話への言及がたやすく認められる。現存在が死ぬとき、ケアの世界が消える。物つまり肉体のみが残り、大地に吸収される。ここでは現存在と芸術作品との間のアナロ

(9) Heidegger, "The Origin of the Work of Art," in *Basic Writings*, p. 145.〔マルティン・ハイデッガー『芸術作品の根源』関口浩訳、平凡社ライブラリー、二〇〇八年、一三―一四頁。〕
(10) Ibid.〔同書、一四頁。〕
(11) Ibid., pp. 158ff.〔同書、四〇頁以下。〕

ジーが明白になる。美術館では芸術作品ではなく、それらの死んだ肉体を目にする。それは、芸術作品が明らかにする世界ではなく、「芸術産業」によってケアされた「大地の」物、物質としての作品である。ここでは、作品は取り消すことのできない、世界奪取と世界崩壊を経験する。(12)

しかし、芸術作品を通して開示された世界は、もし「人民(民衆)」がまだこの世界に住み、それを気にかけているのであれば、開示されている。この「民衆」の現存在の容態は芸術家の現存在の容態と一致するので、その芸術作品の正当な鑑賞者である人民が生き残る限り、ニーチェのワーグナー論におけるように、ここでも再び芸術作品は生き残ると考えられる。特定の芸術作品を保護することは、美術館における単なる保存と修復を意味するわけではないのはこのためである。むしろそれは、この芸術作品の中で開蔵された〔明るみに出された〕生活の様式を保護することと意味する。この意味において芸術作品の創造と保護は共にある。作品はその世界を明らかにすることで、この公衆つまり「民衆」に対して衝動と一定のネルギーを与える。そしてこの衝動が歴史的に有効である限りにおいて、「民衆」の現存在の容態は同じものであり続ける。たとえハイデガーがニーチェの権力への意志を「形而上学的」として否定しているとしても、ハイデガーは「創造的な仕事」をエネルギーの余剰によって生み出されたものとして理解している。これは芸術家自身の個人的なエネルギーではなく、存在しているものから与えられるエネルギーの流入（Sprung）である（Ur-Sprung はドイツ語で「起源」を意味する）。芸術家は「存在の明るみ（Lichtung des Seins）」の中で自分自身を見出す貴重な瞬間にそれを吸収することができる。芸術作品はこのエネルギーを、芸術家が属する歴史上の民衆に伝えることができる。「そうであるのは、芸術がその本質において根源だから、つまり真理が存在するようになり、歴史的になる或る卓越した在り方だからである」[13]。そして、気にかけなければならないのは、それはまさにこの際立った方法である。芸術家は、たとえ完全にコントロールできないとしても、自分の民衆の歴史上の運命を気にかける。

（12） Ibid., p. 166.〔同書、五七頁。〕
（13） Ibid., p. 202.〔同書、一二九頁。〕

10　掃除婦の眼差しのもとで――フョードロフ

われわれは芸術愛好家が芸術を見る方法を学んだ。だが、掃除婦の眼差しをより詳細に考察してみよう。掃除婦〔charwoman〕は、物質的なオブジェクトとしての芸術作品の技術的なケア、メンテナンス、修復のシステムの労働者となるために、自然つまりピュシスと直接的な接触を保っていた元々の世界を去った。掃除婦はもはやゴッホが明らかにした世界に住んではいない。ゴッホの絵画は彼女にとっては、重要な問題つまり大地のほんの一部である。では、農婦と掃除婦の間の違いは何なのか？　両者とも大地をケアする。実際に掃除婦は、農婦が自分の耕す畑をケアするのと同じ方法で、ゴッホの絵画をケアする。掃除婦はこの絵画を、温度、光、清潔な空気、湿度といった特定の条件を必要とするものとして、そして絵に覆われたキャンバスとして見る。掃除婦にとって美術館は自分の世界、美術館のルールに従って振る舞う鑑賞者（たとえば、汚れた靴で入館しない人々）と共有している世界であることは明らかである。そこで疑問が生じる。掃除婦の世界は農婦の世界よりも芸術を通した開蔵に値しないのはなぜなのか？　結局掃除婦もまた存在し、したがって芸術作品に関するケアという様態において自分の現存在を実践している。もちろん、掃除婦のケアの仕事はケアの制度の一部であるということができる。掃除婦は、自分のケアの実践の決断に関して自立してはいない。だが、それは掃除婦が自分の現存在を失っていることを意味するわけではない。掃除婦は自分自身の活動の領域を持っており、多かれ少なかれ責任ある方法で自分のケアの仕事を実践することができる。反対に、農婦は完全にセルフケアに関して自立していると言えるのだろうか？　明らかに言えない。なぜならば農婦は農産物などを売る市場に依存した市民だからである。

それは、われわれが特定の伝統を大切《ケア》にし、その伝統が生き残るのを助けるという目的をもって今ここで伝統を実践し始めるとき、世界が変化してきたあり方に従ってわれわれのケアのモードが変化するはずだ、ということになる。そうであるならば、芸術作品がよりいっそう美術館のために制作されているのを目にするとき、この変化は、われわれが芸術とその課題をいくらか「裏切ってきた」ことを意味するのだろうか？　全くそうではない。もちろん、われわれは過去からもたらされた芸術作品をただ大切にすることはできない。伝統を大切にすることはそれを継続すること、この場合には新たな芸術作品を制作することを意味する。しかし芸術の伝統を継続するとは何を意味するのだろうか？　それは古い芸術上のテクニックを開拓することを意味するのだろうか？　もしくはそれらのテクニックを最初に生み出した古い生活形式を生み出すことだろうか？　この種のケアワークは、ケアテイカーにとってはあまりに疲れるもののように思われる。とりわけ彼らがより大きな規模の芸術制作に直面している場合には。そこで疑問が生じる。芸術作品として認識される、芸術作品の最低限の条件とは何か？　そして、ケアの仕事に値する芸術の伝統の継続のようなものとして認識される、最低限の条件とは何か？

それはアヴァンギャルドが答えようと試みた主要な疑問である。アヴァンギャルドの芸術はまさに掃除婦の世界の開示だったと主張することができる。実際、アヴァンギャルドの芸術家は、あるがままのものとしてそれ自体を鑑賞者の眼差しに提示し、それ以外は何も表象しないものとして芸術作品を理解した。アヴァンギャルド芸術は創造性の表明、創造的な生命力の爆発だったとする広く知られた見解がある。しかし実際には、この芸術はケアの反映と拡大の結果であった。それゆえ、アルベール・グレーズとジャン・メッツァンジェはキュビズムについての彼らの本のまさに冒頭で述べている。「絵画はそれ自体の中にその存在意義《レゾンデートル》を抱えている。教会から客間まで、美術館から書斎まで、損なうことなくそれを持ち出すことができる」[1]。そしてさらに、絵画上に描かれたあらゆるものはすでに自然環境から取り除かれ、展示空間に移されたものであると述べたのち、彼らは書いている。「それ〔絵画〕はカタログ番号、もしくは絵画の枠の下のタイトルと同じくらい重要性を持っている。これに異議を唱えることとは、画家の空間を否定すること、絵画を否定することである」[2]。言いかえれば、グレーズとメッツァンジェにとって絵画は何よりも、アートシステムを通して循環する単なる物である。そして彼らは、必ずしも世界におけるどんな他の対象をも描き表象する必要のない物質的なもの《オブジェクト》として、この個別の絵画の自立的な性質を肯定し、あからさまに表明しているものとしてキュビズムをみなしている。いいかえれば、美術館もしくはギャラリーのスタッフによって実践されている、管理のための官僚的な絵画の定義に参与している。スタッフにとって絵画は、特定のナンバーの元に登録される、単なる物である。そして、グレーズとメッツァンジェはこの定義に従って自分自身の絵画をデザインする。

アヴァンギャルドは、表象、言説、あらゆる形象的で自然主義的なものを、単なる物としての芸術作品を提示することにまで還元した。アヴァンギャルド運動の歴史は、マレーヴィチの《黒の方形》からドナルド・ジャッドの「アンスペシフィック・オブジェクツ」に至るまで、これらの還元の歴史である。デュシャン以降、アートの関心《ケア》は日常生活におけるありとあらゆるものにまで拡大した。芸術家はキュレータの役割を引き受けはじめ、展覧会や出版を企画している。実際に、「キュレーター」という言葉は治療《キュア》もしくはケアと同じ言葉から生じている。キュレーターはそれらを可視化し続ける、つまり鑑賞可能にする目的を持って芸術作品をケアする。もちろんわれわれはキュレーターを、人為的に作られた文脈の中で芸術作品を使用する展示制作者としばしばみなす。しかしあらゆる展覧会は一時的なものであり、もし芸術作品が誤って損なわれることがなければ、それは別の文脈において再び展示されることが可能である。同じことはプライベートコレクションおよびパブリックコレクション、そしてアート・マーケット全般にも言える。これは、芸術作品と道具、そして芸術作品と消耗品の間の基本的な違いである。道具はそれが使用され

（1） Albert Gleizes and Jean Metzinger, *Cubism* (London: T. F. Unwin, 1913), p. 19. First published as *Du 'Cubism'* (Paris: Eugène Figuière et Cie., 1912).
（2） Ibid., p. 26.

ている間に使い古され、消耗品は使い果たされ、壊される。しかし芸術作品は、使用と消費のためではなく鑑賞のためだけにそこに存在しているがゆえに、技術上は永遠性が保証されている。もちろん、なぜそれら特定の物が観賞の対象の役割を果たし、他のものがそうではないのかという避けられない疑問が残る。しかしそもそも、いったいわれわれはなぜ何かを鑑賞しなければならないのかと問うことができる。

フランス革命が教会と貴族によってかつて単なる道具として使われていた物を芸術作品に変えた。つまり美術館（最初はルーヴル）に展示され、見られるだけの対象に変えた。フランス革命の世俗主義によって、生の最高の目的としての神に対する観想が排除され、「美しい」物質である対象の鑑賞に取って代わった。いいかえれば、芸術はそもそも革命の暴力によって生み出された。前近代の歴史においては、宗教および政治システムを含む文化体制と慣習の変化は、過激な聖像破壊行為、つまりかつての文化の形式と態度に関連したものの物理的な破壊をもたらした。フランス革命は過去の価値あるものを扱う新たな方法を提供した。つまり、それらは破壊される代わりに機能不全にされ、芸術として提示されたのである。『判断力批判』を書いているときに明らかにカントの念頭にあったのは、この革命によるルーヴルの変貌である。

もし誰かが私に向って、私の目前にある宮殿を美しいと思うかどうかと尋ねるとする。これに対して私は、――自分はこういうたぐいのものを好まない、〔……〕と答えるかも知れない。〔……〕それどころかルソー流に、人民の膏血をかかる無用の事物に徒費する王族の虚栄心をなじることもできるだろう。〔……〕私のこういう言分が全て承認され是認されるとしても、しかしここではそのようなことを問題にしているのではない。〔……〕趣味の事柄に関して裁判官の役目を果すためには、我々は事物の実在にいささかたりとも心を奪われてはならない、要するにこの点に関しては、飽くまで無関心でなければならないのである。(3)

フランス革命は新しいタイプの物、つまり芸術作品として理解され、キュレーターによってケアされる、非機能化された道具を導入したのである。「もの化」は奴隷制と結びついているために、人間が「もの化」されることはしばしば批

(3) Immanuel Kant, *Critique of the Power of Judgment*, ed. Paul Guyer (Cambridge: Cambridge University Press 2000), pp. 90-91.〔カント『判断力批判(上)』篠田英雄訳、岩波文庫、二〇〇七年(一九六四年)、七二―七三頁。〕

判される。しかし、物になることは人間にとっては必ずしも道具になることを意味しない。全く反対に、物になることはケアの対象になることを意味しうる。病院と美術館の間には明らかな平行関係がある。両者とも、人間の身体であれ物であれ、ケアと保護を目的としている。実際、芸術作品の保護は人間の身体の医学的な保護と比較することができる。結局、人間の権利によって人間の身体を保護するという考えもまた、フランス革命によって導入されたのである。芸術とヒューマニズムの間には親密な関係がある。ヒューマニズムの原則に従えば、人間は鑑賞されるだけで、殺されたり、暴力を振るわれたり、奴隷にされたりと、積極的には使用されない。ヒューマニストの綱領は有名な定式とともにカントによって要約された。その定式によれば、啓蒙された世俗の社会においては、人間は決して手段としては扱われることはなく、目的としてのみ扱われるとされる。それゆえ、われわれは奴隷制を野蛮とみなすのである。しかし芸術作品をわれわれが他の物や日用品と同じように使用することもまた、野蛮と考えられている。ここで最も重要なのは、人間は世俗の眼差しによって特定の人間という形式を持ったものとして定義されていることである。

人間の眼差しには人間の魂は見えず、それは神の特権である。人間の眼差しには人間の身体しか見えない。われわれの権利は、他者の眼差しに対してわれわれが提供するイメージと関係している。それゆえ、われわれはこのイメージに大いに興味を持つ。そしてそれはまたわれわれが芸術の保護と、芸術による保護に興味を持つ理由でもある。人間は、自然それ自体という偉大な芸術家によって生み出された芸術作品として、他者から理解される限りにおいてのみ、保護される。一九世紀という卓越したヒューマニズムの世紀に、人間の身体の形態が木、果実、滝の形態といった他の形態の中でも最も美しいとみなされたのは偶然ではない。そして、当然人間は芸術作品としての自分の地位をよく自覚しており、繰り返しこの地位を向上させ、安定させようとする。伝統的に人間は欲望され、賞賛され、見られることを望むが、それは自分自身がとりわけ貴重な芸術作品であると感じるためである。

この人間の身体と芸術作品のアナロジーは、一九世紀末の「共同事業」(これは元のロシア語のタイトル obshchee delo の標準的な訳だが、実際それはラテン語 res publica〔公のもの、国家〕のさらに字義通りの訳である)のプロジェクトにおいて、ニコライ・フョードロフによって過激化させられた[4]。フョードロフにとって人類の共通の課題は、全ての過去の世代を人為的に復活させることである。このプロジェクトを実現する起点として、フョードロフは博物館を選んでいる。彼は博物館の存在そのものが一般的な一九世紀の功利主義的でプラグマティックな精神に矛盾していると正しくも述べている。(5) フョードロフは一九世紀の技術を内的に分裂したものとみなす。彼の見方では、近代技術は第一にファッションと戦争、つまり終わりのある死すべき生のためのものであった。ファッションは時と共に定期的に変化するので、この技術に関わる限り進歩について語ることができる。それはまた、人間の世代をも分断する。どの世代にも世代独自の技術があり、親の〔世代の〕技術を軽蔑する。しかし技術はまた芸術としても機能する。フョードロフは芸術を趣味の問題、もしくは一般的に美学の問題として理解することはしない。むしろフョードロフにとって芸術は、保護および過去の復活の技術である。芸術に進歩はない。芸術は未来のより良い社会を期待することはなく、いまここを永遠化する。しかしながらそうすることで芸術は、ブルジョワ社会で実践されているように、通常物そのものに関しては機能せず、物のイメージに関してのみ機能する。保護し、取り戻し、蘇らせるという芸術の課題は、こうして究極的には達成されないままである。

この課題を達成するには、美術館は人間を含まなければならない。なぜならば、実際にそれぞれの人間は単に他者の諸身体の間にある身体、他の物の中にある物であり、人間もまた博物館の不死性によって承認されるからである。フョードロフにとって不死とは、人間の魂の楽園ではなく、生きている人間の身体の博物館である。神の恩寵がキュレーターの決定と博物館の保存技術に取って代わる。かつて生きていた全ての人間は芸術作品として死体の状態から起き上がり、全体としての宇宙にも等しい普遍的な博物館に保存されなければならない。国家はその国民の博物館とならなければならない。美術館のコレクション全般を保つことだけに美術館運営の責任があるのではなく、それぞれの芸術作品全ての状態にも責任があり、腐敗する恐れがあるときには個々の芸術作品を確実に保護し修復することにも責任があるのと同様に、国家は人間個人一人ひとりの復活と生命の不死にも責任を負っているはずである。もはや国家は個人が密かに亡くなること、もしくは死者が墓の中で穏やかに安らっていることを許すことはできない。死という制限は国家によって克服されなければならない。フーコーによって記述されたように、生権力は部分的なだけでなく全体的なものにならなければならない。

（4）Nikolay Fedorov, "What Was Man Created For?" in *The Philosophy of the Common Task*, trans. Elisabeth Koutaissoff and Marilyn Minto (London: Honeyglen/ L'Age d' Homme, 1990).

（5）Nikolay Fedorov, "Museum, Its Meaning and Mission" in *Avant-Garde Museology: e-flux classics*, ed. Arseny Zhilaev (Minneapolis: University of Minnesota Press, 2015), pp. 60–170.

ミシェル・フーコーの有名な一文によれば、古い種類の君主国家が、死なせ、生きるがままにさせたのとは対照的に、近代国家は生きさせ、死ぬがままにさせる。近代国家は出生率と死亡率、そして国民にヘルスケアを提供することを気にかける。しかしもし国民の生存が国家の目的の中心となるならば、どの個人の「自然な」死も国家によって受動的に受け入れられ、この個人の私事として扱われる。フーコーが博物館の空間を「別の空間」、つまり異質な空間として理解したことは特徴的である。彼は時間が堆積した場所として博物館について語った。これはまさに博物館を「現実の生」の空間から区別するものである。対照的にフョードロフは、生きる空間を博物館の空間に統合し、存在論的に与えられたものではなくイデオロギーに動機づけられたものとみなして、両者のちがいを克服することを探求した。生と死の境界を克服することは、ここでは芸術を生に導入するという問題ではなく、むしろ生の過激な博物館化、社会全体を異質な博物館の空間へと移行させることである。この生の空間と博物館の空間の統合という手段によって、博物館の保護は永遠の生の技術となる。もちろんそのような技術はもはや「民主的」ではない。誰も美術館のコレクションに保管されている芸術作品に、それらをケアする美術館のキュレーターを民主的に選ぶことを期待しない。人間が急に近代的になるやいなや、つまり人間が他者の諸身体の間の身体、他の諸物の中の物として理解されるようになるやいなや、国家によって組織された技術が、人間を状況に応じて扱うようになるということを受け入れなくてはならない。だがこれが受け入れられるには、新たな権力にとっての明白なゴールは誰もがここ地球の上で永遠に生きることであるという、重要な前提が存在する。そのときにのみ国家は、フーコーによって記述された類の、部分的な制限された生権力であることをやめ、全体的な生権力となる。

ハイデガーは、個別の現存在が世界喪失を生き延びるとき、他者の世界における物になると推測している。しかしわれわれの現代の世界においては、そのように生き延びることは例外ではなくむしろルールである。確かにわれわれの世界は移民、つまり戦争や経済的苦難から逃れてきた人々が多数を占めている。彼らは自分の象徴的身体を後に残し、自分の病歴のみを持ってくる。実際、かつての彼らの文化は彼らのかつての病ともみなされる。だがもし人々が故郷に残ったとしても、彼らの世界は消えることもありうる。技術の進歩、戦争、革命によって無きものになる。ハイデガーの掃除婦はおそらく、経済危機によって都市へとやって来る前は農婦であり、都市で新たな職を見つけたのだろう。どんな技術革命もしくは政治革命も、最初にもたらすのは人間の身体の非機能化である。それは芸術革命の結果としての芸術作品の非機能化と同じである。

フーコーは『臨床医学の誕生』において、初期のまだユートピア的なヴァージョンとしての、この革命と健康のつながりを主題にしている。彼は、革命時代の多作な著述家であり、革命前の金持ちについて書いたサバロ・ド・ラヴェルニエールを引用している。

「富にひたり、人生の快楽におぼれ、彼らの怒りやすいうぬぼれや、にがいうらみや、あらゆる道徳に対する軽蔑のもたらす濫用や不節制が、彼らを、ありとあらゆる疾病のえじきとしてしまう。間もなく彼らの顔はしわだらけとなり、髪は白くなり、さまざまな病が、彼らを時ならぬうちに滅してしまう」。貧乏人たちについていえば、彼らの知っているのは、自分たちを貧困におとしいれる税金と、非衛生的な住居のみである。この窮乏を利用する者は独占者、強欲漢たちであり、こうした住居は「全然子供を育てないか、または弱く、不幸な子供たちをみじめに生むこと」を彼らに強制する。(6)

ここでは、現存在の重労働は金持ちによる貧しい人々の搾取の結果であると理解されている。革命は人間の身体をこの搾取から解放し、健康にすることを目的としている。

ついに自由になった社会の中では、不平等はただされ、和合が支配し、医師はもはや過渡期的な役割しか演じなくてよくなるであろう。心とからだの平衡を保つためにはどうしたらよいか、という忠告を立法者と市民に与えるだけでよくなる。もはやアカデミーや病院も必要ではなくなるだろう。……自己の健康の幸福に浸り切ったこの若い都市国家の中では、医師の顔は消え去って行くであろう。王たちや富める者たちのいた時代、人びとが奴隷で貧しく、病んでいた時代の思い出は、人びとの記憶の底に辛うじて残るのみであろう。(7)

ここでは、革命は重労働からの人間の身体の解放として理解されている。仕事の社会はケアの社会——制度によるケアとセルフケア——へと取って代わられる。それは、ケアのシステムを通して人間の身体はレディメイドとなると言うことができる。

(6) Michel Foucault, *The Birth of the Clinic: An Archaeology of Medical Perception*, trans. A.M. Sheridan (London: Routledge, 1973), p. 33.〔この引用部分はおそらく、サバロ・ド・ラヴェルニエールではなくランテナス。ミシェル・フーコー『臨床医学の誕生』神谷美恵子訳、みすず書房、二〇一一年、七二—七三頁。〕

(7) Ibid., p. 34.〔同書、七三—七四頁。〕

非機能化し、かつての職業の文脈から取り出される。近代社会において人間は名声のために働き、そして（もしくは）戦っていると自覚している。だが、病もしくは加齢の結果、働き戦う能力を失った身体には何が起こるのだろうか？　無用なものになる。非機能化した、ケアの身体となる。われわれは仕事をする日々が終わった後に何がわれわれを待ち受けているのか知っている。パラダイスではなくむしろ病院もしくは博物館である。われわれの身体は、われわれの人生の最長部分の間はたんに仕事の道具として使用され、貴重なケアの対象となる。われわれは、われわれの価値はわれわれが住む社会に対する有用性によって図られると考えがちである。しかしケアのシステムは実際には仕事のシステムを超えている。ケアのシステムは、決して働くことができず、決して将来においても働くことができないであろう身体をも包摂する。コジェーヴがまさに博物館が宮殿にとって代わったと語ったように、医療ケアの普遍的なシステムが上流階級のケアに取って代わる。医学はわれわれの欲望全てに役に立つのではなく、基本的なもの、つまり自己保存の欲求のみに役に立つ。それは多くはないが、われわれの存在はわれわれの仕事よりも価値があることを示している。治癒されることは使用可能な状態に戻らされることと同じではないのだ。だがもしケアのシステムが患者の生きている身体をその経済的な使用よりも価値あるものとするのであれば、ケアワークの価値に関しては何が言えるのだろうか?

11　仕事と労働——アレント

『人間の条件』の中でハンナ・アレントは、ケアワークは伝統的に生産的な労働よりも低く評価されていることを議論している。それゆえ古代ギリシアの伝統においては、主人の身体がその対象となるため、ケアワークは奴隷の労働と考えられていた。そしてアレントは生産的なプロセスとして理解される「仕事」と非生産的なケアワークとして理解される「労働」の間の区別を導き出し、次のように書いている。「実際、背後になにも残さないということ、努力の結果が努力を費やしたのとほとんど同じくらい早く消費されるということ、これこそ、あらゆる労働の特徴である。しかもこの努力は、その空虚さにもかかわらず、強い緊迫感から生まれ、何物にもまして強力な衝動の力に動かされている。なぜなら生命そのものがそれにかかっているからである(1)」。

さらにアレントは、「労働力」という概念を導入することにより、マルクスが仕事と労働の関係を転倒させ、生産的な仕事を非生産的な労働、つまり労働行為に従属させたことを議論する。ケアに関する労働は非生産的であるが、何か他のものを生産する「労働力」を生み出す。人間は「生産性」を有しているのである。

この生産性は労働の生産物にあるのではなく、実に人間の「力」の中にある。この力は、それが自分を維持し生存させる手段を生産した後も消耗されない。それどころか、自分自身の「再生産」に必要とされるもの以上の「剰余」を生産する能力を持っている。エンゲルスが正しく述べたように、マルクスが「労働力」(Arbeitskraft)という用語を取り入れたことは、彼の観念体系全体の中で、最も独創的で革命的な要素となった(2)。

こうして、「すべての物が客観的で世界的な特質において理解されるのではなく、生きた労働力の結果であり、生命過程の機能であると理解される(3)」ために、全ての仕事は労働となる。アレントはまたいわゆる「知的作業」をもケアワークのひとつのバージョンとみなす。「知的作業」は生きた有機体ではなく、巨大な官僚的機械をケアするからである。そこでは同様にケアは何の目立った痕跡も残さない。明らかに、アレントにとって近代の知識人の人物像は、哲学者は創造的だが賢人は奉仕しケアを行という、コジェーヴの賢人の人物像に等しい。

この人間の仕事の、物質的で「世界的な」痕跡の欠如にアレントは苛立っている。明らかに、アレントはニーチェの「偉大な人間たち《メン》（そして女性たち）」の「記念碑的な歴史」へのノスタルジーをおぼえている。彼らは世代を超え、歴史を超えた連帯意識の鎖を打ち立て、われわれが今なお生きている世界を創造した。実際に、あらゆる仕事が労働として理解されるとき、世界は完全に生命によって吸収されるようになる。生命はまた歴史を超える過程であるが、集団的で共有的な過程でもある。この過程は流動的である。この流れの表面で個人は現れては消え、歴史的に固定されることはあり得ない。ここでハイデガーの「世界喪失」が再び浮上する。現存在がセルフケアを実践するとき、自分の世界に配慮

（1）Hannah Arendt, *The Human Condition* (Chicago: University of Chicago Press, 1958), p. 87.〔ハンナ・アレント『人間の条件』志水速雄訳、ちくま学芸文庫、一九九四年、一四〇―一四一頁。〕
（2）Ibid., p. 88.〔同書、一四一―一四二頁。〕
（3）Ibid., p. 89.〔同書、一四三頁。〕

する。現存在が生命となるとき、別の者がそれをケアする。だがどのようにして現存在は生命となるのか？　アレントはわれわれに周囲の世界を忘れさせる苦しみについて語り、次のように続ける。

この無世界性の経験――というよりはむしろ苦痛の中に現われる世界喪失――に厳密に対応している唯一の活動力が、労働なのである。この場合、人間の肉体は、その活動力にもかかわらず、やはり自分自身に投げ返され、ただ自分が生きることにのみ専念し、自らの肉体が機能する循環運動を超えたり、そこから解放されたりすることなく、自然との新陳代謝に閉じ込められたままである。(4)

生命それ自体は苦痛の中にある。アレントが示唆しているように、マルクスが人間の歴史を人間の自然との新陳代謝の歴史とみなしたとき、それは、マルクスが人間性を苦痛の中に見たこと以外の何ものでもないことを意味する。

すでに見てきたように、人間の肉体のみならず、世界の物もまたそれらを守り維持するケア労働を必要とする。そしてアレント自身が、なぜこの作業が失敗するかも知れず、むしろ必ず失敗するかを十分うまく説明している。アレントは「出生」の概念を導入している。この概念は「どの新たな世代もなされたことを無効にする」[5]ことを意味する。人は寿命を超えては何も保存することはできない。そしてこれはまさに、生命の自然との新陳代謝に携わるケアによって何もかもが吸収されていることを意味する。本の最後に向けてアレントは、生命——個人の生命ではなく、「社会化された人間」の生命——は人間の唯一のゴールとなったと書いている。アレントはまたしても、生命の理解に関するこの変化をマルクスの責任に帰しているが、たとえ嘆かわしいことであっても、同時に「労働する動物」としての人間の勝利を歴史的に避けられないものとして明言している[6]。

アレントによれば、社会化された人間、もしくはむしろ社会化された人間の身体は、私有財産の社会と労働運動との戦いの最も重要な歴史的帰結である。私有財産の最初の形式は人間の身体のプライヴァシーである。私有財産の発達は、人間の身体による環境の搾取の過程を通した、プライヴァシーの拡大とみなすことができる。アレントは、社会主義社

（4）Ibid., p. 115.〔同書、一七二―一七三頁。〕
（5）Ibid., p. 243.〔同書、三八五―三八六頁。〕
（6）Ibid., pp. 321ff.〔同書、四九七頁以下。〕

会においてさえ、身体の生理的機能は私的なままであるという事実を強調する。アレントは書いている。「この点で肉体が本当にすべての財産の根源となるのは、それが、望んでも人と分有できない唯一のものだからである。事実、肉体の境界線の内部で生起している事柄、つまり肉体の快楽と苦痛、労働と消費以上に、他人と共通性のない、他人に伝達できない、したがって公的領域における他人の目と耳からしっかりと守られているものは、ほかにない」(7)。しかし公衆とケアの私的な制度の出現、そしてそれと並行するケアワーカーを含む労働運動の勃興はプライヴァシーの喪失をもたらす。私自身の身体はもはや私には属していない。生殖機能を含むその生理的な機能は、政治的な議論と官僚的な手続きの対象となる。誰もが苦痛の不安の中にいるが、それは自分の世界を喪失することと、ケア対象としての社会化の不安の中にいることを意味する。今日、アレントが想像することができなかったほど、プライヴァシーが保護された地位を失ったのはこのためである。

ケアのシステムとは、それを通して社会化された身体の自然との新陳代謝が生じる媒介である。この身体は物理的であると同時に政治的である。身体の最も私的な機能が制度上アクセス可能となり、公の議論の議題となる。これは新しい状況ではない。権力が出生の権利を通じて継承される封建社会においても、主人の身体は政治的な主権の源泉であった。

主人の身体のケアが極めて高度な政治的優先性を持っていたのはこのためである。ブルジョワ社会では身体は政治的な正当性を失い、社会的活動もしくは仕事のために使用される単なる道具となった。その結果、身体はその象徴的地位によって互いに分離され始めた。ごく私的な経験はセックスおよび戦争においてのみ到達し得た。それは象徴的秩序の支配から除外された状況にあるということを意味する。反対にケアのシステムにおいては、あらゆる身体はごく私的なものであると同時に政治的である。ここでは、ごく私的なものと政治的なもの、物理的身体と象徴的身体が一致する。

このごく私的なものと公的なものの一致は現代のソーシャルメディアにおいてよく表されている。フェイスブックもしくはインスタグラムのようなソーシャルネットワークは、世界の人々に彼らの最も私的な写真や動画やテキストを投稿する機会を与え、それらを誰でもアクセス可能にする。インターネットのユーザーはそれらを利用することをためらわない。古典的な大衆文化のスペクタクルの時代に、アンディ・ウォーホルが、個人がメディアの注意をひくチャンスを得られる一五分間の名声について予言したのは有名である。

（7） Ibid., p. 112.〔同書、一七〇頁。〕

しかしウォーホルはまた、数時間眠っている人を見せる『スリープ』のような映画を制作している。ここではプライベートは公になる。それはまさに新しい時代の始まりであり、われわれはいまだその時代に生きている。インターネットを通してわれわれの象徴的身体はよりいっそうわれわれの物理的身体と一致し始める。最もプライベートな必然性と欲望を満たそうと人々がインターネットを使用すればするほど、それらの必然性と欲望はますます公的にアクセス可能となる。今日ソーシャルネットワークのアカウントは、ユーザーの物理的身体のほぼ直接的な延長として機能し、象徴的身体の第一のヴァージョンとなっている。インターネットは受動的である。われわれの欲望、われわれの質問、われわれのクリックに反応するだけである。しかしインターネットは単に鏡ではなく、欲望する自分としてのわれわれのイメージを生み出すカメラでもある。そしてそれらのアカウントによるコンテンツは、ほとんどの場合、全く面白くないような、普通の日常生活に言及する。創造性のイデオロギーが異なった、独特の、並外れてさえいるものとして自分自身を提示することを個人に要求したとすれば、現代のイデオロギーは別人格としてセルフプレゼンテーションすることを要求するだけである。潜在的には誰にとってもどの瞬間も危険となる極めて多元的な社会においては、それは明らかに最良の自己防衛戦略である。インターネット時代初期には、この新たなネットワークのツールに関する奇妙な信頼があった。時がたつとこの信頼は完全に失われた。それはインターネットにおける監視が広く知られるようになったせいだけではなく、あらゆる種類のヘイトを撒き散らす手段としてネットが使用されるせいでもある。この意味において、自分のことを私的なものにすることは、何よりも自己防衛の目的に役立つ。しかしそれはまたわれわれのプライベートで個人的な身体が象徴的なものになったことをも意味する。生命は個人の身体を放棄したのであり、象徴的身体は痛みを経験することができない。ナルシスティックに自分自身を晒すことは、ここでは麻酔として機能する。身体の社会化と政治化は、医療による治療が介入する前であっても、「私の」痛みとしての身体の痛みを経験することを妨げているように思われる。ここでは自分自身の身体を晒すことは模倣として機能する。

カイヨワは彼の模倣についての本の中で、模倣は、有機体が視覚的にその環境に溶け込む能力であるという、よくある考えに反対する議論をおこなっている。[8] 実際、模倣は通常

(8) Roger Caillois, *Méduse et Cie* (Paris: Gallimard, 1960).〔ロジェ・カイヨワ『メドゥーサと仲間たち』中原好文訳、思索社、一九七五年。〕

体制順応主義、つまり平均になろうとする防衛の欲求、他の誰もと同じように見せ、振る舞うことと関連している。カイヨワは、いわば体制順応的ではない模倣の形態があると証明することを望んだ。彼は、ある昆虫は攻撃してくるかもしれないものを怯えさせる目的で、自分自身を実際よりもより大きく危険なものに見せることを示した。(9) この本をシュールリアリズム運動のパロディとして読むこともできる。シュールリアリズム運動のメンバーたちは、実際よりも危険なものとして自分自身を見せようとしたが、実際にカイヨワは自己防衛とセルフケアとしての、より一般的な創造性の理論をここで提示している。創造性とは、外的エネルギーや権力への意志の噴出ではなく、むしろ背後に隠された弱い物理的身体を保護する、そのような噴出の巧みな模倣である。この理論はニーチェにも適用することができるが、彼にだけではない。ラカンは彼の眼差しの理論の中でカイヨワによるこの本を使っているが、それは、芸術とりわけ絵画は常に、芸術家を他者の眼差しに晒すのではなく、眼差しに晒すことから守る方法であることを主張するためである。ラカンが述べているように、他者の眼差しは常に邪悪な眼差しである。芸術作品を制作することで芸術家は、他者の眼差しを彼自身の身体から彼の作品の身体へと方向転換させようとする。そしてこのようにして、邪悪で害のある鑑賞者の眼差しを解除しようとする。ここでは創造性は、芸術的な意図を世界に押しつけるエネルギーの過剰の効果ではなく、他者からの攻撃に対して弱いものを守るものとして理解されている。自分自身のプライベートで私的な身体、そして身体の必要性と欲望を明るみにすることは、他者の邪悪な眼差しに耐えうる、防衛としての象徴的身体を創造する最も経済的な方法である。

われわれの文化はしばしばナルシスティックなものとして記述される。そしてナルシシズムは自分自身に完全に集中すること、社会への興味の欠如として理解される。だが、神話のナルシスが非社会的だったというのは間違いであろう。彼は彼の身体を「実在＝目的」としての世俗的なイメージ――自然それ自体によって生み出され、潜在的には誰でも触れることのできるイメージ――として湖に反射させることによって魅了されたのだ。そしてナルシスは、他の者たちもまた彼の世間的なイメージに魅了されるだろうと思い込んだ。彼は、ギリシア文化の一部として、他のギリシア人たちと美的な趣味を共有していることを知っていた。だが、現代人は生まれたままの外見を頼りにすることはできない。セルフデザインを実践し、われわれが生きている極めて多元的な社会全般に好かれるために、

(9) Ibid.〔同書。〕

自分自身のイメージをプロデュースしなければならない。せいぜいセルフィーを撮る活動しかしない人々でさえ、自分が望む「いいね」を得るためにセルフィーを積極的にばら撒く。現代のナルシスたちほど社会のサバイバルとウェルビーイングに関心がある者はいない。

特徴的なことに、この関心は近代的で世俗的で無神論的である。かつては他者や社会からの承認と賞賛への欲望は原罪とみなされた。なぜならばそれは、唯一の真の精神的な承認の代替でしかない「世間の」承認、内的な価値の代替である外的な価値だったからである。社会に対する主体の関係は、第一に信仰および倫理的関係である。世俗の時代においては、神は社会に取って代わられ、そしてわれわれの社会との関係は、倫理的関係の代わりにエロティックな関係になった。生き残るためには個人は好かれなければならない。そして好かれるためには自分自身を好ましくしなければならない。かつては信仰が存在していた場所に、デザインが現れた。結果としてデザインは、個人が芸術家としても、セルフプロデュースされた芸術作品としても現れる展示会場へと、社会それ自体を変えてしまった。セルフデザインとは自己防衛とセルフケアの形式である。こうして、カントの有名な、利害関心のない美的観照と、利害関心によって導かれる物の使用の間の区別を免れる。セルフデザインの主体は、外の世界へと提供するイメージに対して、明らかに生命に関わる利害関心を持っている。そして、このイメージを好んだり好まなかったりする鑑賞者の決定によって、重大な個人的および政治的帰結がもたらされる。セルフデザインの主体が、自分自身のイメージのみならず、このイメージの鑑賞者の存在にもまた興味を持つのはこのためである。ちょうど愛する人が愛されるために相手の存在に興味を持つように、セルフデザインの主体は承認を見出し、賞賛を受けるために社会の存在と構造にも興味を持つ。ナルシスティックな承認欲求は社会の象徴的秩序の存在を強化する。なぜならば、この欲求が向けられるのはそれらの構造だからだ。ここで人間の身体は、美術館のアイテムと同じ芸術作品となる。それは好かれること、関心を持たれることを望んでいるのだ。

12　革命のケア――ボグダーノフ

しかし、自己呈示、防衛のためのイメージの創造、セルフデザインの必然性をどのようにしたら免れることが可能なのか？　これはあらゆる革命の理論が直面した現実的な問題である。アレクサンドル・ボグダーノフは彼の『テクトロギア』の中でこの問題に関する極めて明確な説明を提示したと論じることができる。彼はエグレッシヤとデグレッシヤの概念を用いて革命の過程を説明した。エグレッシヤ的なものとは、あらゆる伝統的で中心的で、権威主義的な社会組織の形態である。「家父長的共同体、封建的体制、奴隷所有の経済、東方の専制、官僚制、近代的軍隊、プチブルジョワの家族など、権威主義的な組織の形式は人間の歴史の中で極めて多様であった」(1)と彼は書いている。どんな中心化された権力にとっても最小単位において社会をコントロールするのは難しいため、これらの組織化の形態全ては不安定なものとして現れる。結果としてこれらのユニットは多かれ少なかれ独立し、エグレッシヤ的で権威主義的な全体は解散する。それは、旧体制が産業革命に直面し始めたときとりわけ明確になった。

機械生産においては、人間の手と仕事道具の間にエグレッシヤの新たなつながり、つまりメカニズムが導入されている。こうしてまた拡大する新たなエグレッシヤも達成される。その際、次のことが極めて重要となる。メカニズムは身体組織の生物学的限界から自由であること、そして無限に大量の道具を同時にコントロールできること。つまり、エグレッシヤはメカニズムの連鎖という形で発展したが、それらの中には動作するものもあれば、別のものを規制するものもある(2)。

コントロールの連鎖は極めて長く扱うのが難しいため、エグレッシヤ的な権力のシステムは解散する。対照的にエグレッシヤ後の組織は、可塑性の原理に基づいている。

それは複合体の組み合わせの動的で柔軟な特徴を示し、その諸要素の再グループ化を容易にする。それは組織の発展にとって極めて重要である。複合体がより可塑的になればなるほど、それを変えるどのような条件のもとで形成されうる組み合わせの数もより大きくなり、選択する素材がより豊かになり、それらの状況に対する適応がより速やかで完全となる。[3]

しかし可塑性は、その形態の不安定さのために、生きている有機体を危険にさらす。この危険に対する反応として、可塑的な組織はデグレッシヤ的にあるいは「骨格的」になる。ボグダーノフは、たとえば肌を含む、有機体を保護するあらゆる形態を「骨格的」として理解している。ここで、一種の（反）模倣を通じて自分を危険に見せかける外骨格を持つ昆虫についての、カイヨワの書籍が思い出される。実際にボグダーノフは書いている。

（1） Alexander Bogdanov, *Essays in Tektology: The Universal Organization Science*, trans. George Gorelik (CA: Intersystems Publications, 1980), p. 178.〔ボグダーノフの引用は次のロシア語文献から翻訳。*Богданов* А. А. Тектология всеобщая организационная наука. Т. 2. М.: Экономика, 1989. С.116.〕
（2） Ibid., p. 185.〔Там же. С. 125.〕
（3） Ibid.〔Там же.〕

「ここでは衣服が該当する。それは身体の補足的な外骨格であり、住居であり、より高次の秩序の骨格に等しい。あらゆる種類の労働生産物、液体用容器などのためのケースや箱である」(4)。病院と博物館を付け加えることもできるだろう。私が象徴的身体と呼ぶものもまたボグダーノフには外骨格として理解される。「さまざまな種類の象徴は極めて重要で興味ぶかいデグレッシヤの事例を示しているが、とりわけそれらのうちで最も典型的で普及しているのは言葉である」(5)。実際ボグダーノフは、あらゆる信仰と言語使用の習慣とともに、言語をデグレッシヤ的な社会の骨格として理解している。芸術作品もまたこの骨格に属している。ボグダーノフは保護するという芸術作品の第一の機能を、極めて早い時代に見出した。

ボグダーノフは書いている。「重要な点はまさにこの安定性にある。つまり、象徴は固定化、つまり強固にし、精神的イメージの生きた可塑的な組織が崩壊するのを守り維持するが、それは、われわれの身体のコロイド状のタンパク質による生きた可塑的な組織を骨格が固定する方法と全く同じである」(6)。最も骨格的であり凝固した社会の形式は教育システムである。逆説的にもそれは、人間個人の骨格がもつ、保護する性質を破棄する傾向にある。「したがって、たとえば子供は隠し事をしないように、もしくは決して嘘をつかないように教えられる。これは教える側にとって都合が良いからである。しかし現代の現実においては、多くの場合においてもし自分の感動と思考を隠すことができなければ、その人は破滅することが定められている」[7]。ボグダーノフはマルクスに言及しながら、さらに技術的な骨格が経済およびイデオロギーに関する社会的骨格を決定すると書いている。「ここで選択と適応の最初のプロセスが生じる。社会生活の進行におけるさらなる変化はそのプロセスに基づいている。社会発展の出発点、その土台は、技術的形式であることが明らかになる」[8]。ハイデガーもまた、彼の技術論の中心としてゲシュテル（ドイツ語で「骨格」）という語を導入しているのは興味深い。ゲシュテルはまた「装置」を意味する。しかし、ハイデガーは技術社会的な装置がわれわれの世界の眺めを枠づけると論じている。しかし、まさにわれわれの眼差しを方向づけ、枠づけるからこそ、われわれはゲシュテルを見逃すの

(4) Ibid., p. 188. 〔Там же. С. 130.〕
(5) Ibid., p. 189. 〔Там же. С. 131.〕
(6) Ibid. 〔Там же.〕
(7) Ibid., p. 198. 〔Там же. С. 142.〕
(8) Ibid., p. 205. 〔Там же. С. 154.〕

である。

ボグダーノフの分析は、なぜ「民主化された」社会においては、さらなる民主化、水平化、可塑化を目指すあらゆるプロジェクトが全く進まないのかを説明している。これらのプロジェクトは、すべての権威主義的権力の痕跡が取り除かれ、完全にフラットで水平的で「リゾーム的」な社会が自由の社会となるだろうという願望のもとに、権威主義的で「エグレッシヤ的」な力とは逆の方向に向かう。しかしボグダーノフは、水平的な社会は、いまだ相互理解のための言語および他の儀式を使用しなければならないことを示す。したがって個人は、社会の骨格と同様に自分自身を作り上げる、ルールと権利と義務のデグレッシヤ的なシステムの中に囲われたままでいる。そして社会はいまだ、そのメンバーの身体は彼らの外骨格と一致するという前提、つまりこれらのメンバーは嘘をつかず騙さないという前提に基づいている。それは、水平性を目指す戦いはその現実のゴールに到着し損ねていることを意味する。民主化された社会は、権威ある権力ではなく、社会の骨格、ゲシュテル、つまりその社会が使用するコミュニケーションのルール、決定する際の様式、共通言語、共通の生活様式、技術によってコントロールされている。さらなる民主化と水平化を要求すると、手続き上のルールを作り、共同生活の技術を作ることになる。そしてさらに重要なのが、こうして社会の骨格がよりいっそう柔軟さを欠き、硬直したものになることである。

これが、ボグダーノフが、高度に中心化され、真にエグレッシヤ的な運動のみが保守的な民主的社会の骨格を破壊することができ、真に解放するものとなると信じた理由である。そのようなエグレッシヤ的な運動を通して、個人および社会グループは保護する骨格から脱し、自分自身とその環境をコントロールし始める。ボグダーノフによれば、宗教的カルトもしくは政党のみがそのような破壊的で変化させる力となることができる。なぜならば両者ともエグレッシヤ的で中心化されているからである。しかし宗教的カルトはすでに存在している伝統と儀式という骨格の形式に必然的に訴えることになり、信仰は決して真に新しいものになることはできない。ボグダーノフにとってはイデオロギーもまたデグレッシヤ的である。したがって、真に革命的でエグレッシヤ的な政党は柔軟性のないイデオロギーに基づくことはできない。この点に関してボグダーノフのエグレッシヤについての記述は、ジョルジュ・ソレルの『暴力論』(9)を思い起こさせる。ソレルは、マルクスはユートピア的な思想家ではなく、未来をデザインするすべてのプロジェクトに皮肉な反応をしたことを強調する。予見できない未来を開くときにのみ、革命は真に革命的となる。しかし革命はまた、余分なエネルギーを創造的に投資した結果ではなく、むしろ既存の秩序を支持せず、もはやこれ以上それに関心を持たないと決定することでもある。革命は、毎日の「デグレッシヤ的」な仕事よりも多くのエネルギーを要求するのではなく、より少ないエネルギーを要求する。ソレルは最も過激な革命の暴力の形式としてゼネストを定義する。それは、(フランス革命の場合のような)新しい法を課す暴力ではなく、逆に古い秩序を崩壊させ、新しい秩序が出現するための場を開く転覆的な暴力である。革命は、新たな義務ではなく、安堵の感覚を生み出さなければならない。

ボグダーノフはまた、革命政党はどんな既存の骨格の様式も用いるべきではないと信じていた。それは根本的に中心化されたときにのみ、効果的で成功しうる。ボグダーノフは、ロシアの社会民主労働党の歴史から取られた例によって、そのような政党にとっての脱中心化の危機を示している。それは、ボグダーノフがボリシェヴィキ党は永遠にエグレッシヤ的で破壊的であるだろうと期待していたこと示すわけではない。むしろ彼は、新たなエグレッシヤ的な体制を確立した後には、必ずデグレッシヤと固定化の時期が来るだろうと信じていた。エグレッシヤとデグレッシヤの力は永遠の闘争に巻き込まれている。どの特定の瞬間にもどちらかを選ぶことができるが、それらの両方から定義されることを完全に逃れることはできない[10]。

エグレッシヤとデグレッシヤの間の闘争はセルフケアとケアの間の闘争として理解することができる。デグレッシヤ的で骨格を持ったシステムは、保護のシステム、ケアのシステムである。それらは技術、経済、行政のルールと、社会の骨格を定義する強制的なものに従って組織されている。適切な健康保険を探したり、近くの内科医もしくは友人や知り合いなどにすすめられた内科医のもとに行ったりと、患者は支配的な慣習に従うはずである。しかし患者、もしくはむしろ患者たちは、このシステムに力を及ぼすエグレッシヤ的な運動を始めるために、デグレッシヤ的な医療システムに対して相対的に外的で脱中心的な立場を利用することができ、患者の関心と彼らの健康のためにそれらを変化させる。ここでセルフケアはケアを支配し始める。

医療ケアの問題はボグダーノフにとって無関係ではなかった。彼はアカデミックなトレーニングを受けた内科医であり、彼の『テクトロギア』には生物学に関する例と参照が

(9) Georges Sorel, *Reflections on Violence* (Cambridge: Cambridge University Press, 1999 〔1912〕), pp. 72-3.〔ジョルジュ・ソレル『暴力論(上)』今村仁司、塚原史訳、岩波文庫、二〇〇七年、一四二―一四三頁。〕

(10) Bogdanov, *Essays in Tektology*, p. 183.〔Там же. С. 123.〕

極めて多い。一時期ボグダーノフはレーニンと並んで、ボリシェヴィキそしてその後に共産党となったロシア社会民主労働党内の運動のリーダーの一人であった。しかしボグダーノフは一九一二年までに革命運動を放棄した。彼はのちに革命後の時期には、有名なプロレトクリトの組織者として盛んに活動するようになった。プロレトクリトの主な理念は普通の労働者や農民たちに芸術作品を作るよう励ますことだった。誰でも受け入れられ、そこには美学的な検閲や選別はほとんどなかった。ある方法においてプロレトクリトは、芸術の非専門化、つまりアートマーケットによる支配からの解放というマルクスの理念の実現だった。芸術は、質、有用性、その他の基準という問題を超えた、プロレタリアのセルフデザインの欲望の直接的表明にならなければならない。したがって、エグレッシヤ的な運動による中心化というテクトロギアの原則に従えば、実際にプロレトクリトが一九二〇年代には共産主義の指導者層によって廃止されたのはわかりやすいことである。

プロレトクリトの解体のあと、ボグダーノフは血液学および血液交換研究所(一九二四―八)を組織した。ボグダーノフは年長世代と若年世代の代表者たちの間の血液交換によって、年長者の若返りがもたらされると信じていた。ある報告によれば、初期の結果は極めて有望だった。(11) 一九二八年にボグダーノフは自分自身の血液と、結核とマラリアを患っていた女学生の血液とを交換した。この血液交換の結果ボグダーノフは亡くなり、学生は完全に回復した。

ボグダーノフの血液交換による実験は、万人にとっての幸福な生活を地球上に築くという共産主義の期待と、技術的手段によって不死と復活を実現するというフョードロフの期待を組み合わせる革命後の傾向と一致している。この傾向はルナチャルスキーからトロツキーまで幅広い党の知識人たちによって共有されていた。それは、宇宙・不死主義者と呼ばれていたグループのマニフェストにおいて最も明確に定式化された。そのマニフェストは、人間の権利は不死になり、定期的に若返り、自由になり、宇宙空間における個人の権利を含むべきだというものである。[12] 血液学および血液交換研究所の役割が示すように、ボグダーノフはこの生物宇宙主義運動のエグレッシヤ的な傾向を共有していた。それがエグレッシヤ的であるのは、その目的が中央集権的な計画と管理という条件のもとでのみ実現可能だからである。だがボグダーノフはまた同時に、成功した際の、この運動のデグレッ

（11） Alexander Bogdanov, "Tektology of the Struggle against Old Age," in *Russian Cosmism*, ed. Boris Groys (MA: MIT Press, 2018), pp. 203ff.
（12） Aleksander Svyatogor, "Our Affirmations," in *Russian Cosmism*, ed. Groys, pp. 59–62.

シヤ的な固定化に関する確かな予感をも抱いていた。

これらの予感は、一九一二年に彼が出版した『不死の日』というタイトルの短い物語の中で主題となっている。[13] 科学者のフリーデは、千年も前に人間を不死にする方法を発見し、この発見の記念を祝われることになっている。その千年の間に、フリーデはさまざまな科学と芸術を探究し、それら全てにおいて成功を収めた。しかし今では彼はかつての情熱を失い、数世紀続いた彼の妻との関係も重荷となってしまった。人間の人生は永遠になったが、可能な人間の思考の数とそれらの組み合わせは、起こりうる自然の出来事とそれらの組み合わせと同じように、限られている。ニーチェにとっては、有限の物質的世界において、起こりうる出来事の数が限られていることは、世俗の存在は同じものの永劫回帰の法に従属していることの証拠であった。[14] ワルター・ベンヤミンはこのニーチェの形象の中に、進歩のイデオロギーによってコントロールされた文化のただ中で、個人の幸福を保証する試みを見た。[15] その文化においては、幸福の期待が集団的な努力によって達成されるまで、個人は待たなければならない。だが、死すべき人類にとって希望だったものは、不死の存在にとっての呪いとなってしまった。同じものの永劫回帰は不死のデグレッシヴな形式となった。しかし、全面的な生政治のコントロールのもとでは、唯一可能なエグレッシヴな運動とは、人間の死へと戻る運動である。フリーデは自殺することを決意し、遺言状に次のように書く。「千年の私の人生の後、私は、地球上の生命は反復のサイクルであり、生きている間ずっと革新的なことを切望する天才的な人間にとってはとりわけ耐え難いという結論に達した。これは自然のアンチノミーの一つである。私は自殺によってこれを解決する」[16]。

自殺の方法としてフリーデは火炙りを選ぶ。なぜならばこの方法が最も苦痛だと彼は考えるからである。

深夜に花火の爆発が人間の不死が到来する次の千年間を祝った。フリーデはヒューズに

(13) Alexander Bogdanov, "Immortality Day," in *Russian Cosmism*, ed. Groys, pp. 215ff.
(14) Friedrich Nietzsche, *Gesammelte Werke* (Munich: München Musarion Verlag, 1926), vol. 19, p. 373.〔フリードリッヒ・ニーチェ『権力への意志(下)』原佑訳、ちくま学芸文庫、一九九三年、五四〇頁。〕
(15) Walter Benjamin, *Gesammelte Schriften* (Frankfurt am Main: Suhrkamp, 1982), Band V-I, p. 173.〔ヴァルター・ベンヤミン『パサージュ論 第一巻』今村仁司、三島憲一他訳、岩波文庫、二〇〇三年、二六二―二六四頁。〕
(16) Bogdanov, "Immortality Day," in *Russian Cosmism*, p. 225.

点火する電子機器のボタンを推し、薪の山が火となって昇った。ひどい苦痛が彼の顔を歪めた。その苦痛によって彼はある曖昧な子供時代の記憶を思い出した。彼は自分自身を自由にしようと狂ったように格闘し、人間のものとは思えない叫びがくぼみにこだました。しかし鉄の鎖は彼を固く締め付けた。炎の舌が彼の身体の周りに絡みついてシューという音を立てる。「何もかもが繰り返しなんだ！」(17)

フリーデは単に生きることを求めているのではなく、自分自身が真に生きていることを感じたいのである。そしてアレントが正しくも述べているように、苦痛においてしか人は真に生きているものとして自分自身を見出すことができない。したがって極端な苦痛の経験は、人間を健康で不死にし、永遠に退屈させるケアの制度によって未来の人間に課された、非美学化された機械のような存在様態からの脱出を提供するように思える。しかしながら、自分を犠牲にする行為は、確立された文化のパターンに従っているがゆえに、フリーデをデグレッシヤ的な反復の牢獄から逃すことはない。実際に火炙りは、中世の魔女の火炙りからジョルダーノ・ブルーノの火刑まで、歴史の長い間にわたって実行された。そして、年長者の生を諦めることで若年者の生命を回復させようとする、真にエグレッシヤ的な方法によって、ボグダーノフは自分の命を失ったことを、ここで述べておくべきであろう。

(17) Ibid., p. 226.

訳者解題——ケアと利他から人間を考える

1　なぜ美術批評家がケアを論じるのか

本書はBoris Groys, *Philosophy of Care* (New York: Verso, 2022) を翻訳したものである。グロイスは旧ソヴィエト連邦出身で、一九八一年に西ドイツに移住し、現在はアメリカを拠点に活動している。世界で最も影響力のある美術批評家のひとりである彼の著作は、『アート・パワー』(石田圭子他訳、現代企画室、二〇一七年)『流れの中で　インターネット時代のアート』(河村彩訳、人文書院、二〇二一年) 等の邦訳でも読むことができる。

なぜ美術批評家であるグロイスがケアの問題を扱うのか。本書のテーマは一見唐突に思えるが、彼のこれまでの思考との関連性を随所で見出すことができる。

『ケアの哲学』と最も関連の深いグロイスの著作は二〇〇九年に初版がドイツ語で出版された『反哲学入門』(*Introduction to Antiphilosophy*, New York: Verso, 2012) である。この本でグロイスはキルケゴール、ハイデガー、コジェーヴ、ベンヤミンらを取り上げ、これらの思想家が哲学で問題となる「論理、数学、一般的な思考」といった真理と普遍性の探究を棄て、「怒り、退屈、欲望、過剰」といった、どんな人間でも日常的に経験するような世俗的なテーマを扱っていることを指摘し、これらの思想の「反哲学」の系譜を探っている。グロイスは日常実践における諸問題を哲学の課題に転化する反哲学を、日用品を芸術作品にしたデュシャンにならって、「レディメイド哲学」とも呼んでいる。

著名な哲学者の比較的よく知られた思想や概念をケアのテーマに沿って読み替えてゆくという本書の手法は、すでに『反哲学入門』において展開されている。ただし『反哲学入門』は個別の論文を集めたもので、導入で提示された日常実践への哲学の適用について一貫して論じられているわけではない。一方『ケアの哲学』では一貫したテーマが設定され、前章の最後で提示された問題を次の章が引き継ぐという、各章が強く関連する構成をとっている。本書は健康という誰もがかかわる日常実践を「ケア」というテーマで抽出し、哲学者が「ケア」に関連することをどう思考してきたか考察することで、グロイス自身が

「反哲学」あるいは「レディメイド哲学」を実践しているとも言えるだろう。

さらに、本書で展開される思考には、これまでグロイスが得意としてきた、美術館やキュレーションといった美術を取り巻く制度を批判的に考察する際の発想が見出せる。彼がしばしば問いかけてきたのは、あらゆる事物は時間と共に崩壊する運命にあるにもかかわらず、どのようにして特定の事物が美術作品として認定され、美術館に収蔵され、保護や修復といった「ケア」を受けるのか、ということである。いわばグロイスはこれまで美術の制度論を通して「ケア」を受けるに値する価値が発生するメカニズムを探求してきたと言えるだろう。

本書の中で異彩を放つのは、フョードロフとボグダーノフという二人のロシアの哲学者である。ロシアでは一九世紀末から二〇世紀初頭にかけて、科学の発達により人間の活動範囲が宇宙空間へと及ぶことや、不老不死や死者の復活が可能になることを唱える、科学技術信奉と宗教思想が結びついた一連の思想が登場した。これらの思想はロシア宇宙主義と呼ばれている。グロイスは近年ロシア宇宙主義に強い関心を抱いており、宇宙主義の思想を独自に選択したアンソロジーを編集している。グロイスがアンソロジーに寄せた序文「ロシア宇宙主義――不死の生政治」は日本語でも読むことができる（上田洋子訳、『ゲンロン』第二号、二〇一六年)。本論文でグロイスは、ロシア宇宙主義を人間の不死を利用した政治的プログラムとみなしている。このことを踏まえると、グロイスは本書において、ロシア独自の思想である宇宙主義を、西欧における生政治のいちヴァリアントとしてケアの哲学の系譜の中に書き込むことを試みているのがわかる。

2　本書を読み解くために

本書の中で提示される極めてユニークな発想が象徴的身体という概念である。グロイスは、人間は死すべき生身の肉体としての物理的身体とは別に、象徴的身体を持っていると考える。具体的に象徴的身体に含まれるものとは、身分証明書、医療カルテ、SNSやネット上のアカウント、本人が書いたテキスト、写真、動画などである。つまり本人についてのドキュメントと本人が作成したドキュメント全般が象徴的身体となる。そしてグロイスは、「自己」とは物理的身体と象徴的身体の組み合わせであると見抜く。

さらにグロイスは物理的身体と象徴的身体の関係を考察する。彼によれば、健康保険証や病歴を記したカルテに顕著に見られるように、物理的身体のケアは象徴的身体に媒介されて行われる。さらには、肺に病巣がないかどうか確認するためにレントゲンをとったり、病気を突き止めるために血液検査のデータを参照したりと、人間は象徴的身体を通してしか自分の物理的身体を知ることができない。そして個人の生命と健康の保障を第一の目的とする生政治国家である近代国家は、象徴的身体を媒介として個人の物理的身体を医療や福祉といった国家のケアのシステムに取り込んでゆく。このことは、新型コロナウィルスの感染が拡大する中、海外渡航やレジャーなど様々な場面で接種証明が必要となったり、接触確認アプリのインストールが推奨されたりと、われわれにとっても現実のものとして実感されたのではないだろうか。

また象徴的身体は物理的身体の死後にも、墓碑、図書館、美術館、サーバーなどに保存され「ケア」される。つまり、象徴的身体は他者によっても書き換え可能であり、自己の一部として象徴的身体を持っている個人のアイデンティティは、他者たちが作り上げたものだとすらいうことができる。グロイスは著作『流れの中で』の中ですでに、不可逆の時間が流れる現実の空間とは異なり、回帰を前提としたインターネット上の空間における芸術作品や自己のあり方を考察しているが、本書で提示される象徴的身体もまたインターネット空間の興隆と密接な関係にある。ＳＮＳを見れば明らかなように、インターネット上ではわれわれは自分自身の容姿やライフスタイルに関してセルフプロデュースを行い、他者の目に晒される自分をコントロールする。グロイスはこのようなセルフデザインを自己防衛であるとし、一種のセルフケアとみなしている。

象徴的身体という概念とならんで本書の要点をなすのは、ケアとセルフケアの対立という発想である。本書におけるケアとは、生政治国家によって提供される医療や福祉のシステムのことである。一方グロイスの考えるセルフケアとは、自己に対する配慮全般のことである。ここで留意しておきたいのは、英語の"care"という単語は、医療や福祉と結びついたカタカナの「ケア」よりも広い意味を持つということである。実際、翻訳にあたっては"take care of"を「面倒を見る」、「ケアする」、"care about"を「気遣う」、「心配する」、「気にかける」、"care for"を「関心を持つ」、「配慮する」、「気にかける」、「大切にする」等とし、文脈に即して訳語をあてている。セルフケアは、自分自身の心身のメンテナンスという通常の意味を超え、現在の世界における自分の存在様態に配慮し、未来における自分自身の生存を気にかけることとして、本書では用いられている。

このセルフケアを行う人間にとっての健康について、グロイスは独特な捉え方をしている。その鍵となるのが「大いなる健康」を備えたニーチェの超人である。グロイスは、卓越した人間は「大いなる健康」、つまり過剰なまでに強力なエネルギーを備えており、この生命力を原動力として哲学や文化に関わる創造行為を成し遂げるとする。過剰な健康は攻撃的ですらあり、個人をコントロールしようとするケアのシステムに抵抗する。それゆえ、セルフケアはシステムとしてのケアを超越し、対抗し、脅かすものにもなるのである。

ケアのシステムによる国家による個人のコントロール、つまり生政治の権力に関しては、これまでフーコーやアガンベンが盛んに論じてきたが、おそらく読者は本書を読んで、グロイスがこれらの議論をほとんど取り上げていない点を不思議に思うのではないだろうか。フーコーに関しては革命と健康のつながりを主題にしたとして『臨床医学の誕生』が参照されるのみであり、アガンベンの著作には全く触れられていない。また、アガンベンが新型コロナウィルスの流行初期から、パンデミックという例外状態を口実に諸政府が厳しい行動制限を課し、自由な人間らしい生活を剝奪したことをたびたび批判しているのとは逆に(ジョルジョ・アガンベン『私たちはどこにいるのか?』高桑和巳訳、二〇二一年、青土社)、グロイスがコロナウィルスの流行については全く言及していないことも不思議に感じるのではないだろうか。

この理由はおそらく、グロイスは従来の生政治国家批判を引き継ぐよりも、システムとしてのケアに抗い、それを突き崩すセルフケアの可能性を示唆することに主眼をおいているからだろう。グロイスの提示するセルフケアする人間とは、自分の身体についての知識を持たないまま健康に配慮し、過剰な生命力を持て余して創造性を発揮し、他者からの承認のために命を危険にさらすこともあり、他者の眼差しから自分を守るためにセルフイメージをコントロールし、いざ永遠の命が約束されれば退屈に耐えられず自殺すらしかねないものだ。人間とは、健康と生命を何よりも気にかけるにもかかわらず、自らそれを毀損してしまうような、矛盾に満ちた存在なのである。そのようなアナーキーな存在であるからこそ、生政治国家によるケアのコントロールから逃れる可能性を秘めている。新型コロナウィルスの流行発生から二年ほど経った時期に出版された本書は、国民が政府の政策に対してすっかり従順になり、例外状態が常態となった状況から突破する、人間の内なる可能性を示唆しているようにも思われる。

このように本書がケアに対立するセルフケアの可能性という、従来の生政治批判とは異なった観点から論じる際に重要となるのは、ハイデガーの思想である。グロイスはハイデガーの現存在をケアする存在容態として捉える。客体である世界に対立する主体としての人間ではなく、世界内存在として捉えられた人間が現存在であるが、まさに世界の中に存在し、世界と相互に関係しているがゆえに、現存在が自分自身に対して配慮することは世界を気にかけることにもなる。医療ケアに代表される近代の技術は、人間を医療の対象である「生の素材」として扱うが、現存在は他者によってコントロールされ、物になることに抗う。いわばセルフケアする現存在は、そもそも公的なケアに抗う存在なのである。それゆえグロイスはハイデガーを、自己肯定として理解されるセルフケアと近代の公的ケアの制度との矛盾を初めて哲学上で問題にした哲学者とみなす。

ケアとセルフケアの対立のみならず、芸術作品を考える上でもグロイスにとってハイデガーの思想は鍵となる。グロイスは、何か他のものに役立てられる道具（このようなケースをグロイスはデザインとみなす）とは明らかに異なった、それ自体自律した価値を持つ特異な物として芸術作品を捉えているが、これは作品それ自体が真理を開示しているというハイデガーの芸術論に依拠している。それ自体が価値を持ちケアに値する、あるいは場合によってはその価値が損なわれたりするという点で、芸術作品と人間は等しい。実際にグロイス自身も「現存在と芸術作品との間のアナロジー」をみとめている。ハイデガーの思想はグロイスにとって、彼のケア論を従来の生政治論とは異なったものにすると同時に、芸術論とケア論をつなぐものでもある。

3　利他とケア

ここで本書を翻訳することになった経緯を述べておきたい。二〇二二年四月より訳者は東京工業大学「未来の人類研究センター」(https://www.fhrc.ila.titech.ac.jp/)に所属することとなった。センターでは二年ごとにメンバーが入れ替わり、二〇二〇年の設立当初よりさまざまな専門を持つ研究者が「利他」を共通テーマに議論を行っている。ロシアの美術を専門にする訳者は、自分の専門と「利他」をどう結びつければ良いか戸惑っていたところに、出版されたばかりの本書と出会った。ケアと利他は関連の深いテーマである。しかもグロイスらしく、「思いやり」「癒し」「気遣い」といった言葉を連想させる従来のケアに対する印象を刷新するような、うがったケア論を展開している。本書を翻訳すれば利他とケアを考える上で新たな視点が開けるのではないかと思いたち、『流れの中で』でも編集を担当してくださった松岡隆浩さんの力を大いに借りて、本書が出版されることとなった。

「未来の人類研究センター」で議論されてきた利他とは、その言葉からすぐさま想像されるような「ボランティア」といった他者のために行われる行為ではない。ましてや、見返りを求めて他者のために「してあげる」行為とも異なっている。たとえば中島岳志は著書『思いがけず利他』（ミシマ社、二〇二一年）の中で、利他とは利他行為を行う当人の意思を超えてオートマティカルに行われることを強調している。つまり、利他となるのかどうかは行為が行われた時点では分からず、事後になって初めて利他となるかどうかが判明する。「与えるとき」ではなく「受け取るとき」に利他は起動する。行為者にとって利他は未来からやってくる。

また、中島は良かれと思って他者のために行われる行為が、行為者の自己満足や、いわゆるおせっかいに反転すること、つまり利他は容易に利己となることに注意を促す。理想的なのはむしろその逆のパターンである。自分が楽しい、善いと思って行った利己的な行為が、結局他者にとっても楽しくて善いものになる場合である。この点に関連して、若松英輔は「自己を深めることと他者の救済は一つである」という自利と利他が一体となった空海の「自利利他」という思想の重要性を述べている（『はじめての利他学』ＮＨＫ出版、二〇二二年）。

このような利他は、芸術における作者、作品、鑑賞者の関係を考える上でもヒントを与えてくれる。しばしば作者は自分のコンセプトを具体化するという極めて利己的な動機から作品を作り上げるが、作品に触れた鑑賞者は、心地よさや美しさ、そしてときには自分の人生や思考を変えてしまうような衝撃を受けとることもある。あるいは芸術家の意図とは別のものを読み取り、自分の糧にすることもあるだろう。まさに芸術においては、作品という事物を「受けとるとき」に利他が発動し、時にそれは作者の意図とは無関係な場合すらあるのだ。

一方ここ数年で、看護や福祉の分野を超え、幅広く人文学のテーマとして「ケア」を考察する試みが相次いでいる。たとえば、一九八二年に出版され、ジェンダー研究に強い影響を及ぼした、キャロル・ギリガンの『もうひとつの声で　心理学の理論とケアの倫理』の新訳が出版された（川本隆史、山辺恵理子、米典子訳、風行社、二〇二二年）。本書はインタビューの回答を分析した心理学研究であり、男性と女性の道徳的価値観の違いを考察する。ギリガンは分析の結果、男性（男児）が「正義の倫理」に道徳的価値を見出すのに対し、女性（女児）は「人間関係の文脈の中で自己定義」し、人間関係やそれに対する責任に圧倒的な関心を示すという。優柔不断で混乱しているようにも見えるこのような女性の態度は、自律的に思考できる能力、明快な判断、責任を果たす行動といったものが成人（男性）に必要な能力と考えられがちな男性中心の心理学では、弱さや道徳的未発達とみなされてきたことをギリガンは批判する。そして、女性は男性に比べて道徳的に未発達なのではなく、「正義の倫理」とは別の、人間の「関係性の網」の中で自分がどう「応答するか」というもうひとつの倫理――「ケアの倫理」――に基づいて生きていることを主張する。

ギリガンの研究が心理学の領域を超えて人文学全般に影響を与えたのは、おそらく、インタビューされる人々のライフヒストリーと並んで、演劇や小説、あるいは小説家の自伝をも援用するというユニークな記述方法のためであろう。実際に、文学研究者の小川公代は『ケアの倫理とエンパワメント』（講談社、二〇二一年）および『ケアする惑星』（講談社、二〇二三年）において、文学の中のケアラーやケアの様相を考察しながら、ギリガンの「ケアの倫理」が女性特有のものではなく、男女ともに持ち合わせている重要で普遍的な人間関係のあり方であることを示そうとしている。

そもそも、新自由主義の台頭により福祉部門が削減され、ケアサービスがビジネス化されたことによりケアを受ける人たちの間の格差が生じたことや、低賃金あるいは無償労働としてケア労働が女性そして移民に割り振られてきたことは、高齢化社会やジェンダーの問題として従来から指摘されていた。そのような状況の中、世界的な新型コロナウィルスの流行を機にケアに対する関心が一気に高まった。パンデミックと闘う医療従事者たちの様子が連日報道され、ケアワークの重要性が改めて見直されたことは記憶に新しい。ケア・コレクティヴによる『ケア宣言　相互依存の政治へ』（岡野八代、富岡薫、武田宏子訳、大月書店、二〇二一年）は、以上のような状況を踏まえ、ケアを「直接手をかける」医療や介護のみならず、日常のサービスをふくむ広範な相互依存に関わる行為として理解し、経済よりもケアを「社会の主役の位置に立たせる」ことを主張している。

また政治学者のジョアン・C・トロントは『ケアするのは誰か？』（岡野八代訳、白澤社、二〇二〇年）の中で、ケアに対する責任を平等にしてケアの配分に皆が参加する、ケアの民主主義化を主張する。さらにトロントはケアには四つの側面があることを指摘し、そのうちの第一の側面を“caring about（関心を向けること）”、第二の側面を“caring for（配慮すること）”であるとし、社会的活動としてのケアの土台には、人間が別の人間に対して意識を向けるという、根本的な態度があることに留意する。

以上のケア論は、古代ローマでは奴隷が担い、近代以降は女性が、そして現代では移民が担い手となっているケア労働の地位の低さを問い直し、人間の基本的な営みとしてケアを再確認しようとする目的を持っている。

グロイスのケアの哲学が、これらのケア論とは様子が異なっているのは明らかである。第一に彼のケア論には、ギリガンや小川が重視するケアを通じた個人どうしの関わり合いという発想が皆無である。第二に自分自身の現在の存在様態と未来における存続に配慮することというグロイスのセルフケアの概念は、福祉や医療の観点から見るとかなり特異である。たとえばケア・コレクティヴは、過去二〇〜三〇年でレジリエンスやウェルネスといった考え方が興隆していることを指摘し、産業に主導されたこれらの「セルフケア」を公的ケアサービスの脆弱化を補い、健康の自己責任を負うものとして捉えているが（前掲書、三頁）、むしろグロイスのセルフケアよりも、こちらの発想の方が一般的であろう。

前述したように、ケアの考察を通じて提示されるグロイスの人間観は独特である。本書で浮かび上がるグロイスの人間像とは、自分自身の身体（物理的身体）については知識を持たず、自分についてのデータ（象徴的身体）を自分でコントロールすることができず、アイデンティティの一部を他者によって構築され、未来における生存を心配する一方で、あえて危険を犯すことに生の感覚を感じ、ドラッグなどの毒にも薬にもなるものを摂取するような存在である。グロイスの人間像は、ケアのニーズの多様性を意識し、真のニーズに注意を向けることで問題が改善すると考えるトロントやケア・コレクティヴの主張とは相性が悪い。なぜならば、グロイスのセルフケアする人間は、自分自身でも自分のニーズなど全く理解してはいないからである。

ここで利他とケアとの違いにも目を向けてみたい。利他の特徴として、先述した行為者の意思を超えてオートマティカルに行われるという点と関連して、利他は意外性を伴い、相手の隠れた可能性を引き出すと同時に自分自身も変わる可能性を秘めているという点が挙げられる（伊藤亜紗「「うつわ」的利他」『「利他」とは何か』伊藤亜紗編、集英社、二〇二一年）。このような特徴から、しばしば利他はうつわ、通路、余白に例えられる（オンラインジャーナル『コモンズ』第二号特集 https://www.fhrc.ila.titech.ac.jp/online_journal/ 参照）。利他学における人間は、強固な意志や確固たる意識を持って利他行為を行うのではなく、他者との関係において行為の意味を事後的に認識するような人物像として捉えられている。

さらに、精神分析学の村上靖彦が「当事者が自身の〈からだ〉の感覚を再発見し、自らの願いを保てる、そのような力の発揮を目指すことこそがケアのゴールだ」（『ケアとは何か　看護・福祉で大切なこと』中公新書、二〇二一年、二頁）と主張しているように、看護や福祉におけるケアは、当然のことながら、当事者の身体が必ず介在し、目の前に相手がいて初めて成立する。一方利他学においては、物や言葉に媒介されることによって相手との間に利他が発生する場合もあるとされる（「モノ利他プロジェクト」https://www.fhrc.ila.titech.ac.jp/report/）。

以上のことを踏まえると、ケアと利他との違いは次のようにまとめられる。ケアは身体が介在するが、利他は受け渡されるものが物や言葉の場合もある。ケアは受け手が目の前にいるが、利他においては受け手が未来にいることもある。さらには、ケアは対象＝目的（語）があるという点で他動詞的、対象＝目的に働きかけるという点で能動態的だが、利他は自発的に行われるという点で自動詞的、あるいは意志の有無が不問にされるという点で中動態的であると言うこともできるだろう。

最後に利他における人間関係を示す印象的な事例を紹介しておきたい。『ぼけと利他』（伊藤亜紗、村瀬孝生著、二〇二二年、ミシマ社）の中では、デパ地下の試食めぐりを日課とするお婆さんとそれにつきそう「宅老所」の職員のエピソードが語られる。最初は面倒に思いながらも職員がおばあさんのデパ地下めぐりにひたすら付き添っていると、徐々におばあさんが職員を認識するようになり、気遣いとも言えないような気遣いを見せるようになる。一方職員の方にも、付き添いの傍らデパートの光景を楽しむ余裕が生まれる。二人の間にそのような関係が出来上がると、最初は「宅老所」に行くのを頑なに拒否していたおばあさんが、職員の誘いにのって行くようになったという。二人のデパ地下の冒険がその後どうなったのかが気になるところだが、残念ながらこの本の中では語られていない。

著者の二人はお婆さんと職員の関係を「信頼関係」と呼ぶのをためらう。なぜならば二人の間のつながりは、「個」が先にあって契約を結ぶような関係とは違うからだ。伊藤は、それはむしろ二人が一定の時間をかけて行動を共にすることによって生じた「なれ（慣れ、熟れ）」だと指摘する（前掲書、五〇頁）。ここで示されているのは、個人の意志や思惑よりも行動が先にあり、行動の後に成立する人間同士の関係である。何が「ニーズ」なのか不明なまま二人が共に居ることで、結果的にお互いにとって心地よく都合も良い状況、つまり利他が発生したのである。

とうぜん、膨大な蓄積のあるケアについて議論を吟味することは訳者の力量を超えており、本論で試みたケアの議論は極めて限定的である。また、「未来の人類研究センター」の利他についての研究は、個別具体的な事例を受けての感想のような考察や、メタファーの提示に帰結することも多く、「学」としての体系性も厳密さも持ち合わせてはいない。だが利他学やグロイスの考察がもたらす、人間は当人の意識や意志を超えた存在であるという認識は、われわれ誰もが関わらざるを得ないケアの実践に、「ニーズ」への関心を超えた新たな視点を開いてくれるのではないだろうか。この本が幅広い読者に読まれ、ケアの実践、そして人間に関する思考の手がかりとなることを期待したい。

二〇二三年四月

ワ　行

人名索引

著者略歴

ボリス・グロイス（Boris Groys）

1947年、東ドイツ生まれ。美術批評家。現在、ニューヨーク大学特別教授。レニングラード大学に学んだ後、批評活動を開始。1981年に西ドイツへ亡命。ロシア、ヨーロッパ、米国をまたぐ旺盛な活動で知られる。著書に、『全体芸術様式スターリン』（亀山郁夫、古賀義顕訳、現代思潮新社、2000年）、『アート・パワー』（石田圭子ほか訳、現代企画室、2017年）、『流れの中で』（河村彩訳、人文書院、2021年）など。

訳者略歴

河村　彩（かわむら　あや）

1979年、東京都生まれ。東京大学大学院総合文化研究科博士課程修了（博士）。現在、東京工業大学リベラルアーツ研究教育院准教授。専攻は、ロシア・ソヴィエト文化、近現代美術、表象文化論。著書に、『ロトチェンコとソヴィエト文化の建設』（水声社、2014年）、『ロシア構成主義　生活と造形の組織学』（共和国、2019年）、『革命の印刷術　ロシア構成主義、生産主義のグラフィック論』（編訳、水声社、2021年）など。訳書に、グロイス『流れの中で』（人文書院、2021年）。

Printed in Japan
ISBN 978-4-409-03123-0 C1010

ケアの哲学

二〇二三年六月二〇日　初版第一刷印刷
二〇二三年六月三〇日　初版第一刷発行

著者　ボリス・グロイス
訳者　河村彩
発行者　渡辺博史
発行所　人文書院
〒六一二-八四四七
京都市伏見区竹田西内畑町九
電話〇七五(六〇三)一三四四
振替〇一〇〇〇-八-一一〇三

印刷　創栄図書印刷株式会社
装丁　村上真里奈

普及版として本書を復刊する。

自然物から工業製品まで、あらゆるかたちの基本的な構造を規定している原理を豊富な図版とともに解説した、かたちのサイエンス入門書。建築家・構造学者として活躍し、人類が造り出してきたかたちとその構造体の本質を探究しつづけた著者が、自然・技術・芸術に通底するかたちの原理をやさしく解説する。

二二〇〇円
（本体＋税10%）

S・ヒューズ／著　ピーター・ピアース　著
かたちの中のかたち